Mathias Peikert

# Ich nehme mich persönlich

Mathias Peikert

# Ich nehme mich persönlich

## Der sanfte Weg zur Persönlichkeit

Trainerverlag

**Impressum / Imprint**
Bibliografische Information der Deutschen Nationalbibliothek: Die Deutsche Nationalbibliothek verzeichnet diese Publikation in der Deutschen Nationalbibliografie; detaillierte bibliografische Daten sind im Internet über http://dnb.d-nb.de abrufbar.


Bibliographic information published by the Deutsche Nationalbibliothek: The Deutsche Nationalbibliothek lists this publication in the Deutsche Nationalbibliografie; detailed bibliographic data are available in the Internet at http://dnb.d-nb.de.


Coverbild / Cover image: www.ingimage.com

Verlag / Publisher:
Der Trainerverlag
ist ein Imprint der / is a trademark of
AV Akademikerverlag GmbH & Co. KG
Heinrich-Böcking-Str. 6-8, 66121 Saarbrücken, Deutschland / Germany
Email: info@verlag-trainer.de

Herstellung: siehe letzte Seite /
Printed at: see last page
**ISBN: 978-3-8417-5057-0**

# Inhaltsverzeichnis

## *VORBEMERKUNG*

Wer will, der kann! Dieses Paradigma beherrscht seit Jahrzehnten die öffentliche Diskussion, wenn es um die Frage der individuellen Leistungsfähigkeit von Menschen geht. Wie aber wird „Leistung" in der Welt des 21. Jahrhunderts definiert?

**Zunächst** einmal als etwas, was sich individuell zuordnen lässt. Es geht stets um die Leistung des Individuums, das allein für diese Leistung verantwortlich ist und dessen gesellschaftlicher Wert sich anhand seiner Leistungsfähigkeit bemisst.

**Zweitens** wird Leistung verknüpft mit »Können« und »Erfolg«. Es geht um Fähigkeiten, die nicht nur einfach vorhanden sein dürfen, sondern die sich in Resultaten manifestieren müssen. Dieser Leistungsbegriff bezieht sich **nicht** auf den Einsatz (Anstrengung, Einsatz, Willenskraft), sondern ausschließlich auf das erzielte bzw. verwertbare **Ergebnis.**

**Drittens** wird Leistung nicht relativ im Verhältnis zu den Anlagen oder den Lebensumständen eines Menschen gesehen, sondern an einem für alle gleichermaßen absoluten Maßstab gemessen. Individuelle Unterschiede aufgrund von Herkunft, Bildung, Erfahrung, Sozialisation spielen keine Rolle. Der Leistungsanspruch ist in seiner Absolutheit für alle gleich.

Dieser outputorientierte Leistungsbegriff widerspricht aber der These, dass, wer will, auch wirklich kann. Denn umgekehrt bedeutet dies: Wer nicht kann, der will auch nicht. Doch das entspricht nicht der Lebenswirklichkeit. Denn der Wille allein reicht nicht aus. Wer will nicht im sportlichen Wettbewerb ganz vorne mit dabei sei. Wer strebt nicht nach Anerkennung und Erfolg? Wer sieht sich nicht selbst gerne als „Leader" in der Gruppe oder als Manager im Unternehmen. Aber nur einer oder einige Wenige stehen letztlich als Sieger auf dem Podest.

Nun mag es sein, dass der Verlierer einfach nicht die physische oder psychische Kondition mitbringt, um bei den ersten mit dabei zu sein. Es kann aber auch sein, dass er oder sie falsch trainiert (oder die falschen Prioritäten gesetzt) hat und so die individuellen Möglichkeiten nicht voll ausspielen konnte. Es kann aber auch sein, dass für ihn oder sie das „Dabei Sein" wichtiger ist, als das Gewinnen. Erfolg oder Nicht-Erfolg hängt also auch von den Zielen des Einzelnen ab, die er oder sie für sich erreichen will. Klare Zielsetzungen sind eine äußerst wichtige Erfolgsgrundlage. Egal wie groß oder klein diese Ziele sind. Nur an Zielen kann man seine Erfolge messen. Nur wer Ziele hat, kann Erfolg haben. Erst wenn das Ziel definiert ist, kann das zur Zielerreichung notwendige Handeln optimiert werden. Das Potenzial dazu trägt jeder Mensch in sich selber.

Aber diese Erklärung ist noch nicht hinreichend für die Beantwortung der Frage, wie und wohin sich der einzelne Mensch tatsächlich entwickelt. So schreibt **Werner Heisch,** Professor für Psychologie an der Katholischen Stiftungsfachhochschule München in seinen „Vorüberlegungen zur Konzeption professioneller Unterstützung selbst gestalteter und selbstbestimmter Lebensführung" im Jahr 2003:

*Denn Einiges „will der Mensch nicht können", weil es seinen Überzeugungen nicht entspricht. Einiges „kann der Mensch nicht können", weil er nur bedingten oder keinen Einfluss hat auf die Verfügbarkeit finanzieller Mittel, auf seine soziale Stellung, auf die politischen Verhältnisse, in de-*

*nen er lebt. Einiges „kann der Mensch nicht können", weil es keine Frage von Fertigkeiten oder Wissen ist, sondern von Zufall, Glück oder auch Fügung.*

Worum es in diesem Buch geht, ist aber nicht allein das Wollen oder das Können, sondern es geht darum, in den unterschiedlichen Phasen und Lebensbereichen den individuell einzigartigen Sinn für das eigene Leben zu finden und zu verwirklichen. Es geht darum, den Weg zu finden, wie man **selbst** über sein Leben entscheidet und kein anderer. Egal, ob man sich für etwas oder gegen etwas entscheidet, es ist die **eigene** Wahl. Selbst, wenn man **keine** Entscheidung trifft, entscheidet man sich, **nicht** zu entscheiden.

Erst wenn der Mensch erkennt, dass die alleinige Verantwortung für sein Glück und seine Lebensqualität in seinem „Ich" begründet ist, kann er beginnen, das Beste daraus zu machen und entsprechend der eigenen Wertvorstellung sein Leben zu gestalten. Diese Werte drücken aus, mit welcher inneren Haltung, wir uns selbst und anderen Menschen begegnen. Wir alle brauchen Werte, um uns auf etwas zubewegen zu können.

Das Gefühl von innerer Harmonie und persönlicher Ganzheit und Geschlossenheit beruht auf der Übereinstimmung zwischen unserem aktuellen Verhalten und unseren Werten. Zufriedenheit, Lebensfreude und Glück entstehen nur, wenn diese Werte unseren Lebensweg bestimmen. So entsteht die Kraft, Verantwortung für das eigene Leben zu übernehmen und es entsprechend der eigenen Wertvorstellungen zu gestalten.

In den vielen Jahren der Beratung hat es mich immer wieder motiviert, im direkten Kontakt Menschen auf einem Teilstück ihres Lebenswegs zu begleiten. Es hat mich begeistert, wenn ich gesehen habe, wie diese Menschen aus eigener Kraft, mit kleineren Anstößen des Beraters, ihre Ziele selbst definieren und sie eigenständig umsetzen konnten.

Es ist Ziel dieses Buches, aufzuzeigen, wie jeder Mensch in seiner einzigartigen Vielschichtigkeit und mit all seinen inneren Reichtümern ohne Druck von außen zur eigenen Autonomie und Selbständigkeit kommen kann. Jeder Mensch ist mit Vorstellungskraft, Erfindungsgabe und der Fähigkeit zur Erfahrung ausgestattet. Er ist ein lernendes Wesen mit Ressourcen und trägt den Schlüssel für die Lösung seiner Probleme in sich. Diesen Schlüssel zu nutzen, bereitet den sanften Weg zur Persönlichkeit.

## *EINLEITUNG*

Während die Wissenschaft in der ihr eigenen objektiven Manier immer wieder neue Daten und Informationen über die menschliche Natur und die Natur der Wirklichkeit hervorbringt, kann man sehen, dass jedes Individuum bei sich selbst immer wieder auf neue Herausforderungen stößt. So stellen sich die Anforderungen des Lebens beispielsweise bei einem Teenager in seinem Selbstverständnis sicherlich anders dar, als bei einem Erwachsener mit 40 Jahren, der gerade in der Blüte seiner Schaffenskraft steht.

Dabei ist nicht so sehr entscheidend, dass dieser Tatbestand als Massenphänomen zu beobachten ist, sondern dass der Entwicklungsprozess ein ganz und gar individueller ist. Das Bemerkenswerte ist, dass sich die Veränderungen in der Persönlichkeitsstruktur sehr langsam und kontinuierlich (also kaum wirklich spürbar), aber auch in schwindelerregender Schnelligkeit (und damit auch mit großen Verwerfungen) vollziehen können.

Wie Persönlichkeitsveränderungen zustande kommen, ist sehr unterschiedlich. Einige Veränderungen in der Persönlichkeit passieren einfach, ohne dass sie bewusst wahrgenommen werden. Andere werden bewusst angestrebt, umgesetzt und gesteuert. So oder so brauchen wir die Veränderungen, um uns in einer sich schnell wandelnden Welt immer wieder neu zurechtfinden zu können.

Individuelle Entfaltungs- und gesellschaftliche Teilhabechancen hängen mehr denn je davon ab, wie schnell wir den Wandel begreifen und wie gut wir unsere sozialen und emotionalen Kompetenzen ausbauen können. Internationale Integrationsprozesse und globale politische und wirtschaftliche Verflechtungen haben erkennbare und unmittelbare Auswirkungen auch auf die Lebensbedingungen jedes Einzelnen. Die Fähigkeit zur Selbstverantwortung und zur Selbstorganisation gewinnt vor diesem Hintergrund zunehmend an Bedeutung und stellt neue Anforderungen an die Persönlichkeitsstruktur des Individuums.

### *Die Welt in der wir leben*

Wir leben im 21. Jahrhundert in einem Zeitalter voller Paradoxien. Der amerikanische Theologe **Dr. Bob Moorehead** sagt dazu: *Wir geben mehr aus, aber bekommen weniger - wir haben größere Häuser, aber kleinere Familien - mehr Bequemlichkeit, aber weniger Zeit - mehr Bildung, aber weniger Urteilsvermögen - mehr Experten, aber mehr Probleme - mehr Medikamente, aber weniger Wohlgefühl. Wir haben unsere Güter vermehrt, aber die Werte verloren. Wir sind zum Mond geflogen, aber es fällt uns schwer, unseren Nachbarn kennenzulernen.*

Dieses Zeitalter ist pragmatisch und verwirrend zugleich. Es respektiert sowohl das Festhalten am Bestehenden als auch den Wertewandel, Macht und Menschlichkeit, Abhängigkeit und Individualität, Sicherheit und Abhängigkeit oder Individualität und Freiheit – Entscheidungen, die jede(r) für sich treffen muss – oder auch nicht.

Unser Leben ist gekennzeichnet von Unsicherheiten und Entscheidungszwängen. Mehr denn je sind heute Individuen gefragt, die wissen, wer sie sind, was sie können und die leben, was sie sind. Sie müssen einerseits zielorientiert sein, andererseits aber so flexibel, dass sie Ihre Ziele auch jederzeit korrigieren oder verändern können. In einer komplexer werdenden Welt ist der Mensch mit einer Fülle unterschiedlicher Erfahrungen und Erlebnissen konfrontiert, die sich in ihrer Vielfalt und teilweisen Widersprüchlichkeit nicht mehr zu einem fertigen Ganzen zusammenfügen.

Da gleichzeitig die kulturellen Normen über „das Richtige" und „das Falsche" ins Wanken geraten sind, ist der Einzelne darauf angewiesen, ein Gefühl von Stimmigkeit in sich selbst zu finden. Nur in sich selbst, nicht mehr in der Gesellschaft, kann das Individuum die verlässliche Steuerungseinheit für die Gestaltung und Bewältigung seines Lebens finden. Die Fähigkeit zur Selbstorganisation und die Fähigkeit, das eigene Leben in die Hand zu nehmen, werden zu einer wesentlichen Voraussetzung für gelingendes Alltagshandeln.

*Wenn man sein Leben in die Hand nehmen will, muss man zwangsläufig den wichtigsten Akteur in diesem Spiel besser kennenlernen: sich selbst. Selbsterkenntnis hilft einem enorm dabei, mit allen möglichen Herausforderungen des Lebens, mit anderen Menschen oder den eigenen Stimmungen besser klarzukommen. Und die Selbsterkenntnis hört auch nie auf. Je mehr man über sich selbst herausfindet, desto spannender wird es,* sagt der Coach **Ralph Senftleben.**

Das eigene Leben selbst zu organisieren, setzt eine realistische Einschätzung der eigenen Möglichkeiten, Fähigkeiten, Grenzen, Vorlieben, Interessen sowie der gesellschaftlichen Rahmenbedingungen voraus. Erst dann können innere Impulse und persönliche Interessen auf der einen Seite und Handlungsmöglichkeiten und Chancen auf der anderen Seite ausbalanciert werden.

Durch die naturbedingte Abhängigkeit von der Umwelt stellt sich im Alltag oft die Frage nach der eigenen Identität. Wer aber gibt uns eine kompetente und verbindliche Antwort darauf? In unserer toleranten Gesellschaft ist jeder verdächtig, der mit dem Anspruch auftritt, eine solche Antwort zu haben. Also bemüht sich jeder irgendwie, die Frage nach der eigenen Identität und nach dem Sinn des Lebens zu beantworten und sucht nach etwas, das ihn von anderen unterscheidet. Und da gibt es eine Reihe von Möglichkeiten:

- Identität durch Leistung, Besitz und Herkunft,
- Identität durch Vorbilder,
- Identität durch Anpassung an Wünsche anderer,

um nur einige markante Beispiele zu nennen. Eines ist allen Erklärungsversuchen gemeinsam: Identität hat immer etwas mit sozialer Interaktion und mit Zugehörigkeit zu tun. Dabei muss jeder Mensch, wenn er von anderen als „Persönlichkeit" anerkannt werden will, *in der Kontinuität seiner Biographie und im Zusammenhang seines Redens und Handelns in wechselnden Situationen über alle Unterschiede hinweg als derselbe wahrgenommen und verstanden werden können,* so der Sozialwissenschaftler **Thomas Meyer**, Professor an der „Dualen Hochschule Baden-Württemberg Stuttgart":

*In diesem minimalen und allgemeinen Sinne bedarf er als soziales Wesen einer „Identität". Jeder muss für sich selbst wissen können, was auch die Anderen in ihm suchen: „wer er ist", wenn er in allem Wandel der Situationen, Rollen, Lebensabschnitte und Bezugsgruppen als dieselbe Person erkannt und anerkannt werden möchte.*

Vereinfacht gesagt kann die Identität als Richtschnur für den eigenen Weg genommen werden. Dieser Weg ist also nicht schicksalhaft, sondern selbstbestimmt. Kommt man von diesem Weg ab, entfernt man sich von der eigenen Identität - man gerät unweigerlich in eine Krise. Unter Umständen braucht es sehr lange, bis man wieder zur eigenen Identität zurückfindet.

### *Das lebenslange Lernen*

Die Fähigkeit zu lernen ist für den Menschen eine Grundvoraussetzung dafür, sich den Gegebenheiten des Lebens und der Umwelt anpassen zu können, darin sinnvoll zu agieren und sie gegebenenfalls im eigenen Interesse zu verändern. Permanente Lernfähigkeit ist nicht nur wichtig, sondern für den menschlichen Reifeprozess geradezu unverzichtbar.

Die rasante technische und gesellschaftliche Entwicklung zwingt uns dazu, in immer kürzeren Abständen neue Informationen und Anpassungsmechanismen zu verarbeiten. Lernfähigkeit wird deshalb zu einer wichtigen Voraussetzung für den Erhalt und den Ausbau der eigenen Lebensqualität. Sie umfasst nicht nur die Informationsaufnahme und -verarbeitung, sondern vor allem die Verarbeitung erlebter Beispiele und eigener Erfahrungen, die den Menschen im Laufe seines Lebens individuell prägen. Lernen heißt, zu erkennen, wer wir sind und mit welchen Rahmenbedingungen wir es zu tun haben, um unser eigenes Leben zu gestalten:

> **Welche Stärken besitzen wir? Welche Schwächen?**

> **Welchen Tugenden stehen welche Unarten gegenüber?**

> **Welche Kompetenzen sind uns wichtig und wie wollen wir sie entwickeln?**

> **Wie gehen wir mit Widersprüchen und Konflikten um?**

- **Wie grenzen wir Verständnis gegen Beliebigkeit ab?**
- **Was sind wir bereit zu leisten, bevor wir von anderen etwas fordern?**

Lernfähigkeit hat nichts mit Intelligenz zu tun. Wäre es so, würde vermutlich einem großen Teil der Menschheit jegliche Lernfähigkeit abgesprochen.

Lernen ist mehr, als das reine Abspeichern von Informationen. Es beinhaltet die Wahrnehmung und Bewertung des gesellschaftlichen Umfelds, die Verknüpfung mit Bekanntem (Erfahrung) und das Erkennen von Regelmäßigkeiten (Mustererkennung). Nach dem Erziehungswissenschaftler **Dieter Lenzen** gibt es zwei Schlüsselbegriffe, die Lernen charakterisieren:

***Veränderung und Erfahrung***

*Lernen bezieht sich auf eine Veränderung im Verhalten oder Verhaltenspotential eines Individuums in einer gegebenen Situation, die sich zurückführen lässt auf wiederholte Erfahrungen dieses Individuums in dieser Situation. Vorausgesetzt wird, dass man die Verhaltensänderung nicht auf der Basis von angeborenen Reaktionstendenzen, Reifung oder vorübergehenden Zuständen (z. B. Ermüdung, Trunkenheit, Triebe usw.) erklären kann.*

Je mehr wir also unser vorhandenes Wissen und unsere Erfahrung nutzen, umso leichter eignen wir uns neue Fähigkeiten und Fertigkeiten an. Wir machen unseren Kopf sozusagen zu einem Informationsnetz, in das wir neue Informationen mit schon vorhandenem Wissen verknüpfen. Dies bedeutet, neue Informationen in ein vorhandenes Rahmenwerk aus

Wissen so zu integrieren, dass die neue Information selbst zu Wissen wird. Neues Wissen kann nur durch bereits vorhandenes Wissen erklärt und verstanden werden. Das ist das Grundprinzip des lebenslangen Lernens. Damit bestimmen die Fähigkeit, Erfahrungen zu verarbeiten und die Bereitschaft zur Anpassung an Veränderungen unsere Lebensqualität. Lernfähigkeit entwickelt sich aus dem Zusammenspiel von:

- ➔ **Vorhandenem Wissen**
- ➔ **Neuen Informationen**
- ➔ **Gespeicherten Erfahrungen**
- ➔ **Persönlichen Einstellungen**

Da wir aber nicht alles, was wir an täglichen Informationen aufnehmen gleichgewichtig abspeichern können und wollen, stellen sich beim Lernen grundsätzlich folgende Fragen:

1. **Womit hat das zu tun? Worum geht es?**
2. **Was mache ich jetzt damit?**
3. **Wie nutze ich das neue Wissen, um erfolgreich zu sein?**

Die Beantwortung dieser Fragen ist abhängig von unserer Selbsterkenntnis und unseren Zielen. Wir können uns nur weiterentwickeln, wenn wir bereit sind, erkannte Stärken auszubauen und Lücken zu schließen. Wer sich nicht weiterentwickelt, wird zwangsläufig auf der Strecke bleiben. Es gibt immer Dinge, die sich um uns herum und die sich in uns verändern, und die es gilt zu erkennen und daraus zu lernen, ob im beruflichen oder im privaten Bereich. Lernen ist aber nur dann Erfolg fördernd, wenn es aus der individuellen Sicht einen Sinn macht und der eigenen Zielerreichung dient. Wie oft schon wurden Mitarbeiter in Seminare oder Menschen in Verhaltenstherapien geschickt, ohne dass dies eine nachhaltige Wirkung gezeigt hätte. Der Mensch wird nur das lernen, was er wirklich lernen will.

Die Fähigkeit zum Lernen, d.h. das Anwenden von Methoden unseres Denkens und Handelns, ist dem Menschen nicht angeboren. Wir müssen diese Methoden erst erlernen und bewusst anwenden, bevor sie zur Gewohnheit werden. Bis dahin wird unser Denken und Handeln in der Regel mit zahlreichen Mängeln behaftet sein, die dazu führen, dass wir uns von vielen Dingen falsche Vorstellungen machen und deswegen unsere Ziele nicht erreichen. Nur ständiges Lernen führt zu konkretem Wissen über uns selbst und unserer Umwelt und zu konkreten Schlussfolgerungen für unsere Zielerreichung und damit zu mehr Lebensqualität.

## *DIE PERSÖNLICHKEITSSTRUKTUR*

### *Der Mensch an sich*

Je mehr der Mensch versteht, was sein Handeln auslöst, umso besser kann er sein Verhalten steuern und damit seine Lebensumstände kontrollieren. Grundsätzlich geht der Mensch davon aus, dass er alles, was er tut, rational begründen kann. Welch ein Irrtum! In der Regel reagiert unser Unterbewusstsein auf externe Reize oder Impulse, die unser Verhalten auslösen und bestimmen.

Wir sind im Alltag bei weitem nicht so rational, wie wir denken. Dies beruht darauf, dass wir die Möglichkeiten des Bewusstseins häufig überschätzen. Oft tun wir Dinge "einfach so" - scheinbar ohne Grund. Aber, wenn wir Dinge wahrnehmen, also zum Beispiel sehen, hören oder fühlen, löst dies in unserem Unterbewusstsein Emotionen aus. Und diese Emotionen setzen gewisse Effekte, also Verhaltensmuster, bei uns in Gang - fast automatisch.

Doch Vorsicht: Tatsächlich sind es oftmals nur die eigenen Vorurteile und unser Wunschdenken, die diese Verhaltensmuster bestimmen. Das bedeutet, dass wir vielen Dingen bereits im Vorfeld mit Zuneigung oder Ablehnung begegnen. Wenn wir jedoch wissen, welche Effekte unsere Reaktionen mitbestimmen, dann können wir auch unser Verhalten steuern. Wer diese Effekte kennt, läuft seltener in die Irre und kann sein eigenes und das Verhalten anderer Menschen besser einschätzen - beruflich wie privat.

Die Ausgangsfrage ist:

**Warum sind wir so, wie wir sind?**

Die Antwort liegt einerseits in den Grundkonditionen, die in jedem Menschen angelegt sind, aber auch in dem, was wir gelernt haben, was uns unsere Eltern und unsere Umwelt vermittelt haben, letztlich, was unsere Persönlichkeit prägt. Persönlichkeit ist etwas so Vielschichtiges, dass, obwohl Milliarden von Menschen auf die Welt gekommen sind, nie zwei Menschen haargenau dieselben sind. Ebenso wie der physische Körper von anscheinend unbegrenzter Vielfalt ist, trifft dies auch auf die Persönlichkeitsstruktur zu. Sie setzt sich aus vielen verschiedenen Elementen zusammen und bildet die Identität des Individuums heraus. Sie ist es, die jeden Menschen zu etwas Einzigartigem macht. Dabei kommen folgende Faktoren vorrangig zum Tragen:

### *Willensfreiheit*

Die Freiheit, über das eigene Handeln zu bestimmen, ist ein zentrales menschliches Grundanliegen und Bedürfnis. Es ist ein Grundprinzip unseres kulturellen und gesellschaftlichen Lebens.

Willensfreiheit beschreibt die Fähigkeit des Menschen, willentlich zu handeln und die Möglichkeit, das eigene Handeln selbst bestimmen zu können. Sie beschreibt gleichzeitig die Möglichkeit zur freien Entscheidung zwischen mehreren Handlungsmöglichkeiten einerseits und andererseits die Möglichkeit des Menschen, kraft eigener Willensbetätigung ein selbstbestimmtes Leben zu führen.

Dies gelingt, indem der Mensch die inneren und äußeren Umstände reflektiert und kraft seiner eigenen Vernunft und seiner individuellen Wertorientierung zu Entscheidungen gelangt, an denen er sein eigenes Handeln ausrichtet. Hierzu gehört neben dem Recht auf Selbstverwirklichung auch die Konsequenz, scheitern zu können und die Folgen des Scheiterns kraft eigener Verantwortung hierfür selbst zu tragen. Wer scheitert, kann viel über die eigenen Stärken und Schwächen lernen und so Niederlagen in Siege verwandeln.

Ein Mensch ist in seinem Wollen frei, wenn er die Fähigkeit hat, seinen Willen ohne äußeren Einfluss zu bestimmen. Er kann also autonom entscheiden, welche Motive, Wünsche und Überzeugungen handlungswirksam werden sollen. Freier Wille bedeutet, dass Menschen selbstbestimmt aber auch eigenverantwortlich handeln. Ihre Wünsche, Absichten und Ziele sind Ursachen ihrer Handlungen.

Der französische Philosoph **Jean Jacques Rousseau** hat einmal gesagt: *Die Freiheit eines Menschen liegt nicht darin, dass er tun kann, was er will, sondern, dass er nicht tun muss, was er nicht will.* Wenn wir uns frei fühlen, bestimmen wir uns selbst und unterliegen keinem äußeren Druck oder überstarken inneren Antrieben.

**Es liegt an uns selbst, wie wir unsere Zukunft gestalten!**

Wir können sie durch unsere Einstellung und unser Denken selbst bestimmen. Indem ich selbst die wichtigen Entscheidungen treffe, gebe ich meinem Leben Gestalt und überlasse es nicht anderen Menschen oder unpersönlichen Kräften, mich zu steuern. Wenn ich die Richtung gebenden Entscheidungen selbst getroffen habe, dann bin ich auch motiviert, die aus diesen Entscheidungen folgenden Aufgaben und Pflichten zu übernehmen. Nach dem englischen Philosophen **John Locke** beruht Willensfreiheit aber auch auf der Fähigkeit, vor dem Handeln innezuhalten und zu überlegen, was man in der jeweiligen Situation tun sollte und welche Gründe für die eine oder andere Alternative sprechen. Zweitens setzt Willensfreiheit auch voraus, dass wir nach dem Überlegen dem Ergebnis der Überlegung gemäß entscheiden (und handeln) können. Was dann passiert, ist also kein Zufall, sondern die Umsetzung unseres freien Willens. Willens - und Entscheidungsfreiheit ermöglicht uns eine Eigenregulierung oder Selbststeuerung auch unter wechselnden äußeren und inneren Umständen.

Aber was macht eigentlich Entscheidungen zu **unseren** Entscheidungen? Und treffe ich die **richtig**e Entscheidung? Die Frage ist: Tue ich gerade was ich will, oder will ich gerade was ich tue? Lebe ich nach den eigenen Ansprüchen, die mir wichtig sind, oder dominieren mich Außeneinflüsse? Ist das, was ich tue überhaupt sinnvoll, oder ist es nur ein Getrieben sein und reine Geschäftigkeit?

Wir können sagen, dass es **unsere** Entscheidungen sind, wenn wir sie **vor uns selber** rechtfertigen und verantworten können. Man spricht in diesem Zusammenhang davon, dass Menschen beziehungsweise ihre Handlungen „autonom" sind. Mit Autonomie wird das Recht des Individuums bezeichnet, seine Verhältnisse in Eigenverantwortung selbst zu regeln.

Die Freiheit zur Eigenverantwortung ist aber immer auch verbunden mit der Übernahme der daraus resultierenden Konsequenzen. Wer eine freie Entscheidung trifft, muss die Verantwortung für die Folgen übernehmen. Denn wer selbst entscheidet, aber die belastenden Folgen seiner Entscheidung anderen aufbürdet, der schränkt deren Freiheit ein und handelt daher ungerecht und verantwortungslos.

Der Begriff der Autonomie steht in einem unmittelbaren Zusammenhang mit den Fragen von Ethik und Moral. Denn immer dann, wenn von den eigenen Entscheidungen andere Menschen betroffen sind, müssen wir sie auch gegenüber Dritten rechtfertigen und verantworten können. So wird zwar letztendlich nicht unser freier Wille, wohl aber das daraus folgende freie Handeln durch eine gesellschaftlich verankerte Verantwortungsethik begrenzt.

**Richtig** ist eine Entscheidung, wenn sie zum Ziel führt oder ein Problem löst, ohne neue Probleme zu schaffen. Endgültig bewerten kann man eine Entscheidung aber immer erst im Nachhinein, wenn man alle ihre Folgen erleben muss. Man wird dabei feststellen, dass nicht nur der eigene Beitrag maßgeblich war, sondern dass immer auch äußere Umstände, wie Glück oder Pech, eine Rolle gespielt haben.

### *Fähigkeit*

Jeder Mensch besitzt ein unendliches Potenzial an Fähigkeiten. Aber nur Wenige erkennen das vollständige Potenzial und viele nutzen es nur teilweise oder gar nicht. Dies führt im Einzelfall zu gravierenden Fehlentscheidungen bei der Studien-,Berufs-oder Partnerwahlwahl. Menschen, die ihr eigenes Potenzial nicht richtig einschätzen können, sind weniger zielorientiert und richten sich eher nach der Meinung anderer. Sie vergeuden viel Zeit mit Dingen, die gar nicht zu ihnen passen und geben dafür auch noch eine Menge Geld aus. Dabei sind die individuellen Fähigkeiten und das daraus resultierende Verhalten geradezu unglaublich formbar.

Es trifft zu, dass wir durch Erbanlagen, Erziehung und Sozialisation konditioniert sind, doch wir sind ebenso in der Lage, uns durch Lernprozesse weiter zu entwickeln, und das Erlernte für uns und Andere nutzbar zu machen. Die amerikanische Psychologin **Marylin Ferguson** sagt:

*Wenn eine Person eine neue Fähigkeit erschlossen hat, wird deren Existenz plötzlich auch für andere deutlich, die dann möglicherweise dieselbe Fähigkeit entwickeln. Bestimmte Fertigkeiten, Künste und Sportarten beispielsweise haben sich aus bestimmten Kulturen bis zur Perfektion entwickelt. Auch unsere „natürlichen Fähigkeiten" müssen gefördert werden. Menschen laufen oder sprechen nicht einmal aus eigenem Antrieb. Wenn in Heimen untergebrachte Kinder in ihren Betten sich selbst überlassen bleiben und nichts anderes zu tun haben, als an die Decke zu starren, werden sie – wenn überhaupt – erst sehr spät zu laufen und zu sprechen beginnen. Diese Fähigkeiten müssen freigesetzt werden; sie entwickeln sich in Wechselwirkung mit anderen menschlichen Wesen und der Umwelt.*

Das Fähigkeitsrepertoire umfasst eine beinahe unbegrenzte Anzahl von Entwicklungsmöglichkeiten. Aber wir müssen von unseren Fähigkeiten überzeugt sein. Und wir müssen es wirklich ernst meinen, aus ihnen etwas zu machen. Wir müssen uns selbst davon überzeugen, dass wir fähig sind, das zu erreichen, was wir uns vornehmen.

Dass diese Einstellung von entscheidender Bedeutung für die Persönlichkeitsbildung des Menschen ist, dürfte selbstverständlich sein. Denn sie ist die Grundlage für die Ausprägung und Veränderung von Verhaltensweisen, und zwar durch Selbstvertrauen, Leistungsfähigkeit und Optimismus.

Wäre menschliches Verhalten ausschließlich durch die biologische Anlage bestimmt, dann wäre jede Lernabsicht, die auf Veränderungen zielt, illusorisch. Allenfalls könnte das Erlernte dann noch darauf einwirken, dass sich die Anlagen optimal entfalten. Heute ist es die gängige Meinung, dass beides - genetische Anlage und Lernerfahrung - in gegenseitiger Ergänzung die Entwicklung eines Menschen bestimmt. Die über Vererbung vermittelten genetischen Anlagen führen im Zusammenspiel mit der Erfahrungswelt zu den spezifischen Potenzialen, die sich mit zunehmendem Alter als Fähigkeiten oder Fertigkeiten beobachten lassen. Schon **Johann Wolfgang von Goethe** stellte fest: *Nicht allein das Angeborene, sondern auch das Erworbene ist der Mensch.*

Genetische Voraussetzungen sind immer nur Grundlagen. Die individuelle Ausprägung entwickelt sich in dem, was wir den „Reifeprozess" nennen. Damit aus unseren Anlagen Fähigkeiten werden, sind passende Erfahrungen notwendig. Aus diesen Erfahrungen resultieren Grundhaltungen, wie wir uns selbst und unseren Mitmenschen gegenübertreten. Wir entwickeln die Fähigkeit zur Freundschaft, zur Liebe aber auch Disziplin, Pflichtbewusstsein und anderem mehr.

### *Gewohnheit*

Jeder Mensch hat Gewohnheiten - wie er Wahrnehmungen verarbeitet, wie er sich in bestimmten Situationen verhält, wie er Alltagsabläufe abwickelt. Gewohnheit ist eine Handlung, eine Verhaltensweise, die durch häufige Wiederholung meist automatisch und unbewusst geschieht. Gewohnheiten sind sich wiederholende Reaktionsweisen auf bestimmte Situationen und Ereignisse und haben sich oft, je länger sie andauern und je länger wir diese kultiviert haben, tief in unser Verhaltenssystem eingeprägt.

Der Mensch ist so konstruiert, dass er, sofern sein Gehirn normal funktioniert, automatisch Gewohnheiten entwickelt, wenn er Denk- und Verhaltensweisen wiederholt. Diese Denkmuster und Verhaltensweisen bringen uns im Alltag sehr viel Nutzen, sie können uns aber auch unbemerkt Schaden bringen. Zum Beispiel dann, wenn die Verhältnisse sich ändern, ohne dass sich auch unsere Muster ändern. Denn was einmal gut für uns war, muss nicht gut für uns bleiben. Von allen Geschöpfen der Erde können nur die Menschen ihre Verhaltensweisen ändern, meinte schon 1902 der amerikanische Psychologe **William James**:

*Einzig der Mensch ist seines Schicksals Schmied. Die größte Revolution unserer Generation besteht darin, dass die Menschen durch Veränderung ihrer Geisteshaltung die äußeren Aspekte ihres Lebens verändern können.*

So wie sich Gewohnheiten entwickeln, können diese auch abgelegt und durch andere ersetzt werden. Hierzu benötigt man jedoch Zeit und bewusstes Einüben des neuen Verhaltens. Wer zum Beispiel gesünder leben möchte, kommt nicht umhin, seine Essgewohnheiten zu ändern, sich mehr zu bewegen, oder belastende Alltagsgewohnheiten abzubauen.

Wie jeder aus eigener Erfahrung weiß, ist die Veränderung von Gewohnheiten mühsam, selbst wenn die entsprechende innere Motivation "eigentlich" vorhanden ist. Die vielbeschworene "Macht der Gewohnheit" ist eben tatsächlich eine sehr starke Macht.

Die meisten Versuche, menschliche Gewohnheiten zu verändern, enden kläglich: Am Ende bleibt davon meist nicht mehr übrig als der schale Nachgeschmack des Scheiterns. Das liegt hauptsächlich daran, dass es häufig an einer klaren Zielsetzung fehlt, weshalb man sein Verhalten eigentlich ändern soll. Veränderung beginnt immer damit, dass man sich ein Ziel setzt. Erst das Ziel fördert die Motivation, sich zu überwinden, die alte Gewohnheit abzulegen - so anstrengend dies im Einzelfall auch sein mag. Jede Veränderung beinhaltet Chancen, aber auch immer Risiken. Niemand vermag exakt voraussagen, ob das Ziel in vollem Umfang, in der vorgesehenen Zeit und zu unserer vollen Zufriedenheit tatsächlich erreicht wird. Aber sie eröffnet die Möglichkeit, sich auf etwas Neues einzulassen, Neues zu lernen und Neues auszuprobieren. Wenn es uns gelingt, bewusst auf unsere Gedanken Einfluss zu nehmen, sind wir in der Lage, unsere Verhaltensmuster und das damit zusammenhängende Handeln positiv zu beeinflussen, was sich wiederum aktivierend auf unsere Umgebung auswirkt. Die amerikanische Journalistin **Lynne McTaggart** schreibt in ihrem Buch„The Intention Experiment" in der Einleitung:

*Gedanken beeinflussen die physische Realität. Eine beträchtliche Menge an Forschungen erkunden die Natur des Bewusstseins, die seit mehr als 30 Jahren in angesehenen Forschungseinrichtungen auf der ganzen Welt durchgeführt werden; sie zeigen, dass Gedanken in der Lage sind, alles von der einfachsten Maschine bis hin zu den komplexesten Lebewesen zu beeinflussen. Jeder Gedanke, den wir haben, ist eine konkrete Energie mit der Macht zur Transformation. Ein Gedanke ist nicht nur ein Ding; ein Gedanke ist ein Ding, das andere Dinge beeinflusst.*

Menschen, die sich auf eine Neuorientierung einlassen, entscheiden, dass sie in ihrem Leben etwas grundlegend ändern wollen. Doch beinhaltet der Wille zur Veränderung auch die Notwendigkeit zum Innehalten und zum Neuorientieren. Innehalten, um den eigenen Weg mit seinen Schwachstellen zu erkennen, mit der Konsequenz, eine neue, bessere Richtung einzuschlagen.

Dies ist es eine Entscheidung, die man zunächst für sich alleine trifft, sozusagen im stillen Kämmerlein. „Jetzt ist Schluss", oder „damit höre ich jetzt auf", so oder ähnlich lautet meist der erste Schritt. Oft macht so eine Entscheidung, mit der man sich auf etwas neues einlässt, auch Angst, was ganz klar ist, wenn man Altes aufgibt oder Gewohntes sterben lässt. Dazu braucht es erheblichen Mut. Denn man weiß ja nicht, ob der neue Weg funktioniert. Das Gewohnte kennt man, das ist vertraut und bietet kein, bzw. ein überschaubares Risiko. Wenn man die eigene Entscheidung zur Veränderung trifft, bedeutet dies auch, dass man sein Leben eigenverantwortlich in die Hand nimmt. Man entscheidet selbst, dass eine gewisse Lebensform jetzt endet und man etwas Neues etabliert. Dieses Neue muss unter bewusster Kontrolle geplant und ausgeführt werden.

Neben der **Motivation** zur Veränderung ist auch ein hohes Ausmaß an **Selbstdisziplin** und **Selbstkontrolle** zwingend erforderlich. Dazu gehört zum Beispiel die Fähigkeit, sein momentanes Ziel (gesünder leben) von konkurrierenden Zielen (viel Ruhe und gutes Essen) abzuschirmen. Dies ist anstrengend und bedarf sowohl Ausdauer als auch Konzentration auf die Zielerreichung.

### *Die Persönlichkeitsmerkmale*

Die Persönlichkeitsstruktur des Menschen wird geprägt von bestimmten, unterschiedlichen Wesensmerkmalen, die wir als Charaktereigenschaften bezeichnen. So kann man zum Beispiel sagen, es gibt introvertierte und extrovertierte Persönlichkeiten. Es gibt Persönlichkeiten, die Gefahren lieben und andere, welche davor zurückschrecken und diese vermeiden. Es gibt optimistische Persönlichkeiten ebenso wie pessimistische Persönlichkeiten und eine Vielzahl anderer Bestimmungsfaktoren. Wie wir sind und wie wir uns entwickeln hängt primär mit unseren genetischen Anlagen zusammen. Zum großen Teil jedoch wird unser Leben durch Erziehung und weiterführende Sozialisation geprägt – und zwar entscheidend.

Grundsätzlich können wir zwei Persönlichkeitsorientierungen unterscheiden. Die eine strebt nach Individualität, Eigenständigkeit und Selbstbestimmung und sie ist geprägt von Ausstrahlung, Autorität und Authentizität. Die andere zeichnet sich dadurch aus, dass sie ihr Wollen, ihr Handeln und ihre Beziehung zur Umwelt nicht aus eigenen psychischen Kräften hervorbringt, sondern sich von angeeigneten oder angeforderten Verhaltensweisen abhängig macht. Menschen mit dieser Charakterorientierung ordnen sich eher unter, ohne sich dabei zwangsläufig unwohl zu fühlen. Wie sie sich fühlen, hängt davon ab, ob sie ihre Situation eher als positiv oder eher als negativ wahrnehmen.

### *Ausstrahlung*

Ausstrahlung ist das gewisse Etwas, dass andere Menschen augenblicklich in den Bann zieht und das wohl jeder von uns gerne hätte. Es beruht vor allem auf Persönlichkeit (Zum Beispiel: **Bruce Springsteen).** Wer sich selbst ernst nimmt, wird auch von anderen ernst genommen. Es gibt eine Reihe von Menschen, denen ist dieses „Etwas“ (wir nennen es auch manchmal „Charisma“) angeboren. Aber Vieles davon ist auch erlernbar.

Wer mit einer positiven Haltung durchs Leben geht, hat automatisch eine bessere Ausstrahlung, als derjenige, der immer nur skeptisch und miesepetrig ist. Menschen, die sich für etwas begeistern, reißen auch andere mit. Ein zweiter wichtiger Punkt ist das erkennbare Vorhandensein von Zielen und Werten. Wer seinem Leben eine klare Richtung gibt und diese mit Begeisterung und Engagement vertritt, ruft bei anderen Bewunderung und Anerkennung hervor. Dies wiederum stärkt das eigene Selbstbewusstsein. Sicheres und souveränes Auftreten sind ein Schlüssel zum Erfolg. Dabei verfügen erfolgreiche Persönlichkeiten in der Regel über ausgeprägte kommunikative Fähigkeiten. Ob sie ein Gespräch führen oder eine Rede halten, sie bringen sich immer persönlich ein. Sie entwickeln eine starke Energie, sind begeistert von den eigenen Ideen und wollen sie so schnell wie möglich umsetzen. Sie werden von Dritten als zielorientiert, überzeugend, glaubwürdig und authentisch wahrgenommen. Denn ein Mensch, der Ziele hat und diese mit Leidenschaft verfolgt, wirkt attraktiver auf seine Umwelt als jemand, der kaum Eigeninitiative zeigt und nur schwer zu begeistern ist.

Der Erfolg unseres Auftretens hängt zu einem großen Teil davon ab, inwieweit wir Selbstsicherheit, Kompetenz und Konsequenz ausstrahlen. Diese Eigenschaften erzeugen positive Emotionen bei anderen Menschen. Unser Körper lügt nicht - Er verrät weitaus mehr, als wir denken. So sendet er entweder Signale aus, die Sicherheit, Status und Persönlichkeit ausstrahlen, oder er signalisiert Unsicherheit und Unterordnung. Wenn wir selbstsicher auftreten, signalisieren wir anderen Menschen, dass wir von uns überzeugt sind. Wirklich selbstsichere Menschen strahlen beim Reden und Handeln eine gewisse Selbstverständlichkeit und Authentizität aus. Sie haben Überzeugungskraft, sind sich aber gleichzeitig auch ihrer eigenen Schwächen bewusst. Wer wirklich überzeugend auftreten will, darf diesen Teil seines Wesens nicht übersehen. So mancher gibt sich der irrigen Vorstellung hin, wer wirklich selbstbewusst ist und selbstsicher auftritt, der habe keine Schwächen. Diese Menschen neigen dazu, die eigenen Fehler zu vertuschen und andere dafür verantwortlich zu machen. Sie wirken nicht wirklich souverän, sondern arrogant und überheblich. Ihr dargestelltes Selbstbewusstsein ist leicht durchschaubar als Ausdruck innerer Unsicherheit.

Ein gesundes Selbstbewusstsein hingegen zeichnet sich dadurch aus, dass der Mensch sich seiner Stärken und Schwächen bewusst ist und sich dafür nicht schämt oder gar selbst verurteilt. Denn damit würde er nur sein Selbstwertgefühl und sein Selbstvertrauen zerstören – zwei wichtige Säulen unseres gesunden Selbstbewusstseins. Ausstrahlung hat nur derjenige, der eine hohe Akzeptanz und Wertschätzung von sich selbst hat. Menschen mit hoher Selbstwertschätzung beurteilen sich überwiegend positiv und vermitteln Durchsetzungsstärke. Sie strahlen aus, dass sie Überzeugungen haben und bereit sind, sich für diese Überzeugungen einzusetzen.

### *Autorität*

Unter Autorität versteht man das Ansehen und die Macht einer Person. Durch dieses Ansehen und die Macht nimmt die Person Einfluss auf andere Personen. Autorität bedeutet die Möglichkeit, auf andere Menschen positiv wie negativ einzuwirken.

Autorität entsteht, wenn die Kompetenz des Individuums freiwillig akzeptiert und respektiert wird. Autorität kann man erlangen aufgrund von Wissen und Leistungen oder man kann Autorität aufgrund eines Amtes erlangen und ausüben. Die Kernfrage ist:

**Wann habe ich Autorität?**

Autorität ist kein Selbstzweck. Ihr Vorhandensein macht sich nur bemerkbar im Umgang mit anderen. Der Begriff selbst ist überwiegend positiv besetzt. Nur deshalb spricht man im Ausnahmefall auch vom „Missbrauch der Autorität“. In der Zeitschrift „**Stimmen der Zeit**“ gibt der Seelsorger **Wolfgang Seibel** eine sehr überzeugende Definition von Autorität:

*Autorität ist etwas anderes als Macht. Macht zielt auf Durchsetzung, notfalls auch mit Zwang. Autorität hingegen appelliert an die freie, sittliche Zustimmung. Ihre Geltung gründet sich auf das Ansehen, das ihre Träger erworben haben, und auf der Überzeugungskraft ihrer Argumente.*

*Wo Menschen ein Amt bekleiden und aufgrund dieses Amtes Autorität beanspruchen, müssen sie ihre Entscheidungen und Meinungen begründen können, wenn sie Anerkennung und Gefolgschaft erwarten. Die Menschen unserer Zeit weigern sich, etwas wegen bloßer Amtsautorität als gültig oder gar als wahr anzusehen. Sie verlangen Kriterien und Argumente, die ihnen die Autorität glaubhaft machen. Das heißt mit anderen Worten: Autorität ist nicht Ausfluss einer Machtposition, sondern eines überlegenen Wissensstands. Ein Mensch hat Autorität, um sie gleichsam wegzugeben, nämlich andere an seiner Einsicht teilhaben zu lassen, nicht aber um sie despotisch gegen Unterlegene auszuspielen.*

Die Zeiten der Patriarchen sind vorbei. Die aufgeklärte Gesellschaft braucht sie nicht mehr. Ja, mehr noch, sie erweisen sich als Hindernis für eine Anpassung an die Bedingungen einer komplexen, globalisierten Wirtschaft und Gesellschaft. Viele Menschen gehen zunehmend zu ihnen auf Distanz. Wir akzeptieren heute, dass jeder Mensch das Recht und die Fähigkeit der eigenen Wahrnehmung, Deutung und Interpretation hat. Die Schlussfolgerungen aus diesen Fähigkeiten sind geprägt von seinen Wünschen, Bedürfnissen, Interessen, Erfahrungen und Einstellungen. Daraus trifft er seine täglichen Entscheidungen.

Das reine Prinzip der Unterordnung wird diesem selbstbewussten und eigenständigen Menschen nicht mehr gerecht. Zusammengefasst können wir **drei Merksätze** für Autorität festhalten:

1. **Autorität bedarf der Zustimmung;**
2. **Autorität lebt von Überzeugungskraft;**
3. **Autorität fordert und fördert Teilhabe.**

Menschen mit Autorität achten ihre Mitmenschen. Sie loben und motivieren. Sie schenken anderen ihr Vertrauen und trauen ihnen etwas zu. Sie geben ihren Mitmenschen Freiräume, um sich eigenständig zu entwickeln und zu behaupten.

Menschen mit Autorität führen Dialoge und keine Monologe. Sie hören zu, nehmen den anderen ernst, versuchen den Standpunkt ihres Gegenübers zu verstehen, zu respektieren und zu akzeptieren. Sie versuchen, sich in den anderen hineinzuversetzen und die Dinge aus seiner Warte heraus zu betrachten. Sie versuchen herauszufinden, was der andere wirklich meint und was hinter seinen Worten steckt. Damit verbessern sie ihre Möglichkeiten zum Argumentieren, denn sie können die Gedanken Ihres Gesprächspartners wirkungsvoll in die eigenen Aussagen einflechten. Dies erhöht die Wahrscheinlichkeit, dass ein tatsächlicher Dialog stattfindet.

Viele vermeidbare Auseinandersetzungen entstehen nur, weil wir uns weigern, den anderen zu verstehen und von vorneherein auf unserer Meinung beharren. Dies gilt selbst dann, wenn den Beteiligten bewusst ist, dass "Verstehen" und "Akzeptieren" nicht zwingend bedeutet, dem Standpunkt des Gegenüber kritiklos zu folgen.

***Authentizität***

Während Auftreten und Autorität überwiegend durch Fremdwahrnehmung definiert sind, kann ich mich persönlich authentisch fühlen, oder von anderen als authentisch wahrgenommen werden. Analog der beiden vorgehenden Begriffe konzentrieren wir uns ausschließlich auf die Fremdwahrnehmung. Der Trainer und Coach **Frank Obels** schreibt auf seinem Editorial 04/2011:

*Authentizität bedeutet Echtheit im Sinne von „als Original befunden". Ein Mensch wird als authentisch wahrgenommen, wenn die beiden Aspekte der Wahrnehmung, unmittelbarer Schein und eigentliches Sein, als kongruent wahrgenommen werden. Authentisch sein bedeutet, dass das Handeln einer Person nicht durch äußere Einflüsse bestimmt wird, sondern in der Person selbst begründet liegt.*

Authentische Menschen leben im Einklang mit sich selbst. Sie wirken echt und entspannt und geben dadurch auch anderen das Gefühl, so sein zu dürfen, wie sie sind. Es geht darum, das eigene Leben so zu gestalten, dass es stimmig ist. Es geht um ein Abwägen zwischen dem eigenen Wohlbefinden und dem Wohl anderer. Diese Authentizität schafft Vertrauen. Ein authentischer Mensch kennt seine Stärken und Schwächen, seine Motive und seine Handlungsoptionen. Er hat einen ausgeprägten Sinn für Realismus und akzeptiert auch kritische Rückmeldungen. Er handelt eigenständig und konsequent nach seiner individuellen Wertorientierung, auch wenn er dabei Nachteile in Kauf nehmen muss. Authentische Menschen sagen was sie denken und handeln auf Basis ihrer Überzeugungen. Sie machen weder faule Kompromisse, noch lassen sie sich manipulieren. Sie reagieren besonnen, hinterfragen sich selbst und wägen ab, wann und wie sie im gegebenen Moment richtig handeln.

Wenn wir das Gefühl haben, dass jemand echt ist und uns nicht irgendetwas vorspielt, dann glauben wir ihm. Die Frage ist, ist Authentizität angeboren, oder ist sie erlernbar? Die Antwort ist ganz eindeutig:

**Authentisches Verhalten ist erlernbar!**

Wäre Authentizität angeboren, hätten wir vermutlich nur sehr wenige gute Führungskräfte. Und wir bräuchten dafür auch keine Seminare oder sonstige Weiterbildung, weil dies alles für die Katz wäre.

Authentizität muss man erlangen und zwar durch konsequentes Handeln und durch den Aufbau von Vertrauen. Man darf den Mitmenschen keine Rolle vorspielen, und man muss hundertprozentig zu seinen Worten und Taten stehen, oder wie einst **Matthias Claudius** sagte:

*Beurteile einen Menschen lieber nach seinen Handlungen als nach seinen Worten; denn viele handeln schlecht und sprechen vortrefflich.*

Menschen die Wert auf persönliche Glaubwürdigkeit und Autorität legen, sind gut beraten, sich immer so zu verhalten, dass sie in Übereinstimmung mit ihrem eigenen Wertesystem handeln. Denn unsere Werte bilden das Fundament, auf dem wir unsere Entscheidungen treffen und Verantwortung übernehmen. Wenn wir versuchen, andere zu imitieren und uns somit verstellen, werden wir zwangsläufig scheitern. Die Umwelt erkennt instinktiv, ob sich jemand verstellt oder nicht. Nicht authentisches Verhalten führt über kurz oder lang zu Misstrauen, was verheerende Ausmaße für die die eigene Glaubwürdigkeit und damit für die private und berufliche Lebenssituation hat. Deshalb muss man sich zunächst erst einmal selbst erkennen, wenn man als authentisch wahrgenommen werden möchte.

Ein authentischer Mensch belügt sich nie selbst, wie schwer das manchmal sein mag. Er ist sich stets bewusst, dass er für alles was er sagt und tut immer allein die Verantwortung trägt. Selbstwertgefühl und Ehrlichkeit – sie zusammen sind die Grundvoraussetzung für authentisches Auftreten. Sie bestimmen unser Selbstbild und unser Selbstkonzept, in dem sich Authentizität entwickeln kann.

***Die Charaktereigenschaften***

Unter Charaktereigenschaften versteht man die Ausprägungen einer Persönlichkeit, die durch angeborene und anerzogene Eigenschaften gebildet wird. Sie umfassen die Gesamtheit aller Wesenszüge, Eigenarten und Verhaltensweisen eines Menschen. Man kann mutig sein, kreativ, egoistisch, impulsiv etc.

Es gibt eine große Anzahl Charakterzüge, aus denen sich ein Charakter bildet. Aus der Summe dieser Charakterzüge und ihrer besonders hervorstechenden Merkmale entwickelt sich ein Charakterbild. Jeder Mensch besitzt ein anderes Charakterbild mit anderen mehr oder weniger ausgeprägten Charaktereigenschaften. Dabei sind die vorab dargestellten Persönlichkeitsmerkmale ausschlaggebend dafür ist, welche Eigenschaften wir in unserem Leben akzeptieren und verinnerlichen, wie wir mit der Zeit unseren Charakter bilden und zu welchen Charakterzügen wir Neigungen oder Abneigungen entwickeln. Auch die Umgebungsfaktoren und die soziale Prägung sind sehr wichtig für die Charakterbildung. Die Lektüre „Kaspar Hauser" zeigt: Das Findelkind wurde viele Jahre weggesperrt, bei Wasser und Brot immer ganz allein in einem dunklen Raum gefangen. Als er nach 19 Jahren endlich ausbrechen konnte, war er geistig zurückgeblieben. Dies ist ein herausragendes Exempel dafür, was passiert, wenn die menschlichen Fähigkeiten erst sehr spät oder gar nicht entwickelt werden.

Dieses Beispiel lässt die Schlussfolgerung zu, dass die Umgebung, in der der Mensch sich den größten Teil des Tages aufhält, auch seinen Charakter bestimmt. Ändert sich das Umfeld ändern sich mit großer Wahrscheinlichkeit auch die Charakterzüge. Das heißt, der Charakter eines Menschen ist nicht festgeschrieben, sondern er kann sich im Laufe eines Lebens ändern. Er ist keine feste Größe und durchläuft im Laufe eines Lebens verschiedene Phasen. Dabei spielen sowohl das emotionale, das soziale wie auch das materielle Umfeld eine große Rolle.

Andererseits wird der Charakter auch beeinflusst von wachsender Selbsterkenntnis, erlebten Erfahrungen und sich ändernden Wertvorstellungen. Der Charakter eines Menschen ist also kein einheitliches, greifbares Gebilde, sondern ein komplexes Konstrukt, das verschiedene Aspekte beinhaltet.

Die Art und Weise, wie wir die Welt um uns herum wahrnehmen, empfinden und interpretieren, und wie wir in alltäglichen und besonderen Situationen handeln, sagt uns und anderen etwas darüber, wer wir sind, indem wir die verschiedenen Aspekte zu einem Charakterbild zusammenfassen. Unser Denken und Handeln, unsere Gefühle, Vorlieben und Einstellungen – alles, was wir täglich tun, glauben und empfinden, wird durch unsere Charaktereigenschaften bestimmt.

Nun bieten uns die verschiedenen Wissenschaften (die Psychoanalyse, die Hirnforschung, die Sozialforschung etc.) eine Vielzahl von Charaktertypisierungen, die sicherlich auch alle begründbar sind. Ich halte es aber für sehr viel spannender, zu fragen, wie kommt es eigentlich, dass wir einzelne Charakterzüge als gut oder schlecht qualifizieren und damit gleichzeitig den gesamten Charakter eines Menschen bewerten? Denn das ist es, was uns im Alltag beinahe täglich widerfährt. Um dies zu verstehen, müssen wir drei Ebenen durchleuchten: Die Charaktergrundlagen – Die Charakterbildung – Die Charakterbewertung.

### *Die Charaktergrundlagen*

Ein Charakter ist wie die Visitenkarte eines Menschen. Es steht außer Frage, dass jedes Charakterbild von unterschiedlichen Grundlagen geprägt ist. Welche Rolle hierbei die Genetik spielt, lassen wir dabei mal außen vor. Wesentlich beeinflusst wird der Charakter durch das familiäre Umfeld. Ansichten, politische Ausrichtung oder dergleichen erhalten hier erste Grundzüge. Auch Bildung spielt eine wichtige Rolle. Der größte Teil des Charakters entwickelt sich aber erst durch die eigene Erfahrung. Durch Misserfolge, Erfolge oder besondere Ereignisse formt sich dieser Charakter. Durch lebenslanges Lernen macht er den Menschen zu dem, was er ist: Ein Individuum. Aber die Frage ist: **Was ist eigentlich ein Charakter?**

Von Charakter spricht man bei einem Menschen dann, wenn man bestimmte Verhaltensweisen, Einstellungen oder Denkweisen als dauerhaft konstant feststellen kann. Sie sind sozusagen „typisch“ für diesen Menschen. Anhand dieser Typisierung ist dieser Mensch eindeutig identifizierbar.

*Wichtig ist dabei, dass die ständig wiederkehrenden Erlebens-und Verhaltensweisen tief in dem Menschen verwurzelt sind und zur Eigenart seines Wesens gehören,* sagt der Berliner Psychologe **Günter Weie** in einem Vortrag aus dem Jahr 1998. In uralten östlichen Weisheitsgeschichten steht dazu geschrieben:

*Säe einen **Gedanken** – und du kannst eine **Tat** ernten;*

*Säe eine **Tat** – und du kannst eine **Gewohnheit** ernten;*

*Säe eine **Gewohnheit** – und du kannst **Charakter** ernten;*

*Säe **Charakter** – und du erfüllst deine **Bestimmung.***

Die Charaktereigenschaften sind für das tägliche Leben von elementarer Bedeutung. So wirken sich beispielsweise im Berufsleben die Denkweisen und Einstellungen eines Menschen erkennbar auf die Einsatzbereitschaft und die Qualität der Leistung aus. Zahlreiche berufliche Felder sind so konzipiert, dass darin nur Mitarbeiter mit einer bestimmten Denkweise erfolgreich sein können.

Diese Denkweisen und damit der Charakter wiederum sind geprägt von den Fähigkeiten, mit denen ein Mensch ausgestattet ist. Diese können vorrangig auf der analytischen, der kreativen, der pragmatischen oder der emotionalen Ebene liegen. Je nach Ausprägung dieser Fähigkeiten wird der Mensch idealerweise in einer Funktion tätig, die seinem Charakter am ehesten entspricht. Ist dies nicht der Fall, gerät er über kurz oder lang in eine Krise.

### *Die Charakterbildung*

Charakterbildung ist ein lebenslanger Prozess. Wie wir schon vorher gesehen haben, hat jeder Mensch sein eigenes Charakterbild. Welche Facetten seines Charakters wirklich zum Tragen kommen und welche eher verschüttet bleiben, hängt eng mit der Erziehung, dem sozialen Umfeld und den gemachten Erfahrungen zusammen.

Aus der Sicht der Psychologie wandelt sich der Charakter im Laufe eines Menschenlebens dreimal und zwar zwischen dem 10. und 20., zwischen dem 20. und 40. und zwischen dem 40. und 80. Lebensjahr. Ganz von selbst kommen diese Veränderungen aber nicht, immer sind neue Erfahrungen oder Einflussnahmen der Außenwelt beteiligt. Aber ab dem Moment, an dem der Mensch selbständig und selbstreflektiert denken kann, hat er Einfluss auf seinen Charakter. Diesen kann er nutzen - oder auch nicht.

Also, es ist am Anfang etwas da, was dann von vielen Einflüssen verändert und geformt wird. Dadurch kann sich irgendwann eine Persönlichkeit sogar umkehren in dem Sinne, dass manche Eigenschaften plötzlich zu verschwinden scheinen und andere stärker hervortreten, die zuvor unauffällig waren. Charakterbildung entsteht also daraus, wie und was der Mensch wann erlebt hat, welche Erfahrungen er gemacht und wie er sie verarbeitet hat.

Im Prinzip prägt daher jeder Mensch seinen Charakter selbst und hat die Chance, sich im Laufe seines Lebens immer wieder zu verändern. Damit ist auch klar, dass jeder Mensch für sein Charakterbild selbst verantwortlich ist.

Das heißt aber nicht, dass dieses nicht auch durch Zufälle und Schicksal nachhaltig beeinflusst werden kann. Wir müssen nur versuchen, den äußeren Einflüssen mit dem, was wir an intellektuellen und emotionalen Begabungen mitbekommen haben, unter **unseren** Bedingungen optimal zu begegnen - also eben mit und nach **unseren Möglichkeiten und Fä-**

**higkeiten.** Denn wer in der Überzeugung lebt, dass geschehen wird, was geschehen soll, der gibt einen Teil der Verantwortung seines Handelns ab.

### *Die Charakterbewertung*

Jeder Mensch hat seine eigene, ganz individuell geprägte Art und Weise, die Charaktereigenschaften eines anderen Menschen in seinem Umfeld zu bewerten. Jede Bewertung ist mit persönlichen Deutungen verbunden, die von der inneren Haltung, erlernten Denkmustern und eigener Lebenserfahrung bestimmt wird.

Wir registrieren das, was wir wahrnehmen: Eindrücke – nicht mehr. Und doch formt sich sofort eine ziemlich genaue Vorstellung, wer oder was der (die) Andere wohl sein könnte. Unser Gedächtnis verbindet die Eindrücke mit einem konkreten, bereits vorhandenem Muster.

Unsere Vorstellung von einer Person wird umso klarer, je mehr die Eindrücke dem Muster entsprechen – möglichst auf der gesamten Ebenen des Verhaltensspektrums. Wir sehen und interpretieren den Charakter des Anderen, wie wir ihn sehen und interpretieren wollen. Je vertrauensvoller der Umgang miteinander, umso differenzierter unsere Bewertung.

Nach **Sigmund Freud** bestimmen Vertrauen, emotionale Nähe und gemeinsame Werte das Gelingen von zwischenmenschlichen Beziehungen. Eine verallgemeinernde oder verzerrte Bewertung führt fast zwangsläufig zu Spannungen.

Mit anderen Worten, die Qualität unserer Beziehung hat entscheidenden Einfluss auf die Qualität unserer Bewertung - und umgekehrt, beruflich wie privat. So sehr wie uns aber auch um „Objektivität" in unserer Bewertung bemühen, so entstehen doch immer wieder Fehlinterpretationen und Verallgemeinerungen. Verallgemeinerungen aber sind immer gefährlich.

Einer der größten Fehler, die man machen kann, ist, bei einem Menschen von **einem** Charakterzug auf den **ganzen** Charakter zu schließen. Solche Einschätzungen sind von recht geringem Wert, weil sie das **Eine für das Ganze** halten. Dieser sogenannte „Induktionsschluss" steht im Wege, wenn man sich der ganzen Persönlichkeit nähern möchte. Denn es gibt, wie wir bereits gesehen haben, eine Vielzahl verschiedener Faktoren, die die Persönlichkeit eines Menschen ausmachen und daher auch ganz verschiedene Eigenschaften, Werte, individuelle Stärken und Schwächen. Es ist grundsätzlich normal, dass niemand nur stark ist oder nur schwach, nur gut oder nur böse, nur schlau oder nur dumm, nur faul oder nur fleißig.

Wie aber kommt trotzdem es zu vorschnellen und generalisierenden Charakterbewertungen? Vermutlich hängt es damit zusammen, dass diese Bewertungen immer abhängig sind von dem Grad der Vertrautheit, die zwei Personen miteinander verbindet.

Je vertrauter sie miteinander sind, desto größer ist der Wille zur Differenziertheit und desto geringer ist der Bedarf an Abgrenzung. Je größer der Abstand, desto größer der Hang zur Verallgemeinerung und der Bedarf an Darstellung der eigenen Individualität.

Deshalb kann es generell keine Charakterbeschreibung „sui generis" geben, sondern letztendlich immer nur ein Spiegelbild persönlicher Wahrnehmungen, bis hin zu Vorurteilen, die oftmals nicht auf eigenen Erfahrungen beruhen, sondern von anderen übernommen werden. Der Unternehmensberater **Winfried Berner** beschreibt dies auf seiner Internetseite unter dem Artikel **Wahrnehmung: Das unsichere Fundament unseres Handelns** sinngemäß folgendermaßen:

*Ein guter Weg, einer tendenziösen Bewertung entgegenzuwirken, ist, die eigene Sichtweise so oft wie möglich mit anderen Menschen abzugleichen – und zwar möglichst offen und neugierig. Spannend sind dabei vor allem die Punkte, wo die Sichtweisen auseinander gehen, denn dort, wo die Meinungen übereinstimmen, kann man nicht viel lernen – dort haben entweder alle Recht oder keiner.*

*Wo die Meinungen hingegen auseinandergehen, sind Sie möglicherweise tendenziöser Wahrnehmung auf der Spur, entweder bei Ihnen oder bei anderen (oder bei beiden). Deshalb lohnt es sich, den festgestellten Unterschieden, statt sie zu verwischen und zuzukleistern, mit den Methoden der rationalen Konsensfindung nachzuspüren und gemeinsam zu prüfen, welche Perspektiven sich mit Gründen erhärten lassen und welche einer Prüfung nicht standhalten. Gewonnen hat in diesen Fällen nicht, wer Recht hatte, sondern wer am meisten dazulernt. Und das ist der, der am ehrlichsten die eigene Wahrnehmung überprüft und neue Einsichten annimmt.* **Ich denke, dem ist nichts hinzuzufügen!**

***Die Motive des Handelns***

Motive sind in der Psychologie angeborene psychophysische Dispositionen, die ihren Besitzer befähigen, bestimmte Tatbestände wahrzunehmen und durch die Wahrnehmung eine emotionale Erregung zu erleben, daraufhin in bestimmter Weise zu handeln oder wenigstens den Impuls zur Handlung zu verspüren. Ein Motiv ist ein Bedürfnis. Primäre Bedürfnisse sind zum Beispiel Nahrungsaufnahme, Schutz vor Kälte und Sicherheit. Sekundäre Bedürfnisse sind zum Beispiel eine spannende Arbeit haben, Lernen und eine Leistungserbringung, die für einen selbst Sinn macht oder auch anderen Menschen Freude zu bereiten.

Im Grunde seines Wesens strebt jeder Mensch zunächst nach der Befriedigung seiner elementarsten Bedürfnisse. Sobald dieses Ziel erreicht ist, schiebt sich ein neues Bedürfnis in den Vordergrund und er wird danach streben, auch dieses Ziel wieder zu erreichen.

Bedürfnisse weisen immer darauf hin, dass irgendwo etwas Erstrebenswertes besteht, dass subjektiv das eigene Wohlbefinden steigert. Diese Zielerreichung aktiviert den Menschen, gibt ihm das Motiv, den gegenwärtigen Zustand ändern zu wollen.

Das Wort Motivation kommt von dem lateinischen Wort „movere“ und bedeutet so viel wie sich bewegen. Der Begriff Motivation beschreibt, welche Beweggründe für das konkrete Verhalten einer Person verantwortlich sind.

Das Motiv zum Handeln liegt grundsätzlich in der Person selbst, auch wenn der Handlungsimpuls von außen kommen kann. Zwar sind die Motive des Handelns individuell, gleichzeitig tauchen ganz bestimmte Motive immer wieder auf und lassen deshalb darauf schließen, dass sie als weitverbreitetes Verhaltensphänomen anzusehen sind. Es stellt daher sich die Frage:

**Warum verhalten wir uns so und nicht anders?**

Unser Leben wird durch unsere Erfahrungen geprägt. Wir lernen, was wir wirklich wollen, was uns motiviert und was uns antreibt. Wir hinterfragen kritisch unsere Positionen und setzen uns bewusst mit unseren Konflikten auseinander. Wir fragen uns, wonach streben wir? Hier ein paar Antworten:

***Anerkennung***

Anerkannt zu sein bedeutet, von anderen Menschen respektiert, akzeptiert und geschätzt zu sein. Gegenseitige Anerkennung gilt als notwendig für jede Art von Zusammenleben - sei es auf privater, beruflicher oder staatlicher Ebene.

Ehe wir jedoch von anderen aufrichtig bewundert, respektiert und geliebt können, müssen wir zuerst uns selbst respektieren und lieben können. Das fällt vielen von uns sehr schwer. Kein Wunder! Wenn man mit sehr viel Kritik und Ablehnung aufgewachsen ist, dann denkt man, dass etwas mit einem nicht stimmt und man fühlt sich minderwertig.

Wie aber soll man sich selbst respektieren und lieben, wenn man denkt, etwas stimme nicht mit einem? Wie mit Ablehnung und Kritik umgehen? Das ist schwierig. Eigentlich streben wir danach, dass andere uns mögen. Aber damit machen wir uns natürlich auch abhängig von der Meinung anderer. Wir sind auf die Frage fokussiert: Was könnte der andere von mir denken? Ich denke, es hilft, dass man zunächst einmal ergründet, wieso man in welcher Form auf Kritik und Ablehnung reagiert. Wir haben diese Reaktionen irgendwann in der Vergangenheit gelernt, weil wir beispielsweise ein geringes Selbstwertgefühl oder auch Angst vor den eigenen Schwächen haben. Besonders die Art, wie man seinen **Selbstwert** definiert, ist da von besonderer Bedeutung. Viele machen ihren Selbstwert von der Meinung und Anerkennung anderer abhängig, so dass jede Ablehnung und Kritik das Selbstwertgefühl weiter beeinträchtigen kann.

Diesem negativen Selbstbild müssen wir entgegenwirken, indem wir uns ein optimistisches und zugleich realistisches **Selbstbild** gegenüberstellen. Ein solches Selbstbild gibt uns das Gefühl, liebenswert und wertvoll zu sein - trotz der Schwächen und Fehler, die wir alle haben. Statt sich selbst verallgemeinernd abzuwerten, sollten wir uns nur an Tatsachen halten und diese objektiv betrachten. Natürlich können wir nicht verhindern, dass wir auch mit unseren Schwächen und Fehlern konfrontiert werden, aber deshalb muss unser Selbstwertgefühl keinen Schaden nehmen. Denn es ist ja nun wahrlich nichts Schlimmes, mal einen Fehler zu machen. Entscheidend ist, dass ich aus diesem Fehler lerne. Dazu gehört auch, abzuwägen, mit welcher Kritik ich mich berechtigterweise auseinandersetzen sollte und welche ich durchaus ignorieren kann. Es ist auch wichtig, anderen Menschen eine negative Meinung über mich oder über meine Schwächen zuzugestehen. Wir selbst lehnen ja auch hin und wieder andere Menschen ab oder kritisieren jemanden; da ist es nur logisch, wenn wir dies auch anderen zugestehen.

Je stärker die Angst vor Ablehnung und Kritik ist, um so länger dauert es, bis man lernt, damit klar zu kommen, so dass man mit der eigenen Entwicklung viel Geduld haben muss. Problematisch wird es, wenn wir glauben, ohne die Anerkennung der anderen nicht leben zu können, wenn wir uns einreden, ohne die Anerkennung anderer nichts wert zu sein. Dann machen wir uns nämlich von anderen und deren Anerkennung abhängig, trauen uns aus Angst nicht, etwas zu tun, was bei anderen auf Ablehnung stoßen könnte und sind nicht frei in unseren Entscheidungen. Wir führen ein **fremdbestimmtes** Leben. Deshalb sagt der indische Mediziner **Deepak Chopra** auch: ***Wer nach Anerkennung sucht, kann keine wahre Freiheit empfinden.***

Um ein selbstbestimmtes Leben führen zu können, müssen wir lernen, uns selbst Mut zu machen, wenn wir keine Bestätigung bekommen, uns selbst den Rücken zu stärken, wenn wir uns schwach fühlen. Je unabhängiger wir von der Anerkennung anderer sind, desto freier sind wir und umso mehr können wir uns entfalten. Voraussetzung hierfür ist jedoch, dass wir uns selbst annehmen und respektieren. Das heißt, wir müssen vorrangig Verantwortung für uns selber übernehmen. Nicht andere entscheiden darüber, wie wir uns fühlen, das entscheiden wir selbst!

Wir haben immer eine Wahl, egal wie sich andere uns gegenüber verhalten. Das bedeutet nicht, dass man sich alles gefallen lassen soll oder jedes Verhalten akzeptieren muss. Grenzen können und müssen ruhig und respektvoll gesetzt werden, ohne sich selbst oder dem Gegenüber eine unzumutbare Härte anzutun.

Ein ganz wichtiges Merkmal erfolgreicher und zufriedener Menschen ist: sie machen sich nicht abhängig von der Anerkennung anderer. Sie tun, was sie für richtig halten und leben ihr Leben, wie sie es für richtig halten. Wenn sie von anderen keine Anerkennung bekommen, sind sie vielleicht enttäuscht, sie gehen jedoch unbeirrt ihren Weg weiter und geben sich selbst die Anerkennung, die andere ihnen verweigern.

### *Zufriedenheit*

Zufriedenheit ist mehr als Glück und Erfolg. Es ist der dauerhafte Zustand des inneren Friedens. Zufriedenheit entspringt der Bereitschaft, mit sich selbst Frieden zu schließen. Deshalb ist Zufriedenheit ist auch etwas, das ausschließlich von uns selbst bestimmt wird. Dabei können wir auch hinnehmen, dass Bedürfnisse unerfüllt bleiben. Wir haben es in der eigenen Hand, das Niveau unserer Zufriedenheit zu definieren.

*Zufriedenheit wird häufig mit Genügsamkeit gleichgesetzt. Etwas, das in unserer heutigen Gesellschaft keinen hohen Stellenwert besitzt. Genügsam sein trägt den Beigeschmack von gepflegter Langeweile, Ziellosigkeit und fehlendem Ehrgeiz. Das ist es nicht: Zufriedenheit ist alltägliches Glücksempfinden, die Summe des Glücks der einfachen Dinge. Zufriedenheit ist das, was zwischen den Extremen von Glück und Unglück passiert,* schreibt die Autorin und Redakteurin **Ursula Kohaupt** am 21. 02. 2010 auf der Internetseite „suite 101".

Wichtig sind vor allem jene Willenskraft und Motivation, mit der wir unsere persönliche Zufriedenheit erreichen wollen. Zufriedenheit ist das Realisieren der eigenen Lebensvorstellungen entsprechend der individuellen Fähigkeiten und der gesellschaftlichen Möglichkeiten.

Das Erkennen der eigenen Möglichkeiten und Grenzen bildet dabei eine Voraussetzung für ein Höchstmaß an Lebenszufriedenheit. Dabei sollte über das Streben nach Zufriedenheit aber nicht der Blick verlorengehen für die Verantwortung, die der einzelne durch seine Fähigkeiten und erworbenen Qualifikationen auch für die Gesellschaft hat. Unglücklicherweise muss sich der Mensch im Alltag aber auch mit sehr viel Unzufriedenheit herum plagen.

Auf seiner Internetseite schreibt der Psychotherapeut **Dr. med. Michael Depner:** *Nur wenige sind mit der Rolle zufrieden, die ihnen ohne Zutun im Leben zufällt. Die Gemeinschaft gibt nicht nur Geborgenheit. Sie ist auch ein Gerangel um Platz und Positionen. Das Umfeld konfrontiert uns mit seinen Erwartungen.*

***Du sollst nicht sein, wie Du bist, sondern so, wie wir Dich haben wollen.***

*Ein schmerzhafter Kreislauf. Je weniger ich den Wert dessen beachte, was ich bin, desto mehr spicke ich mein Ich-Ideal mit Tugenden, die ich dringend verwirklichen sollte. Je weniger ich sie verwirklichen kann, desto wertloser erscheint das Bestehende. Schon bildet sich ein Kreislauf aus Anspruch, Appell und tragischem Versagen.*

*Die Erwartungen des Umfelds werden von kulturellen Traditionen sowie persönlichen Ängsten, Wünschen, Begierden und Meinungen der unmittelbaren Bezugspersonen bestimmt. Meist geht vom Umfeld die Botschaft aus, dass es mit uns nur dann zufrieden ist, wenn wir uns anpassen. Je nach Temperament verinnerlichen wir den Unfrieden, den das Umfeld stiftet.*

*Die zweite Quelle der Unzufriedenheit ist das, was wir selbst von uns erwarten. Wir möchten nicht irgendwer sein. Wir möchten diese oder jene Person sein, die unverwechselbar und erfolgreich ist. Wir wünschen uns, das zu sein, was das Umfeld durch besondere Zuwendung belohnt.*

***Ich will nicht sein, was ich bin, sondern das, wovon ich mir Vorteile verspreche.***

*Aus dem, was andere von uns erwarten und dem, was wir gerne wären, schaffen wir ein Ich-Ideal. Wir bemühen uns, diesem Bild zu entsprechen. Je größer aber der Unterschied zwischen tatsächlichem Selbst und Idealbild und je unmöglicher seine Verwirklichung ist, desto mehr entsteht Unzufriedenheit.*

***Ich bin nicht so, wie ich sein sollte.***

*Zufriedenheit kehrt erst wieder ein, wenn ich mich entgegen den Ansprüchen des Bildes so annehme, wie ich tatsächlich bin.*

Zufrieden bin ich also nur dann, wenn ich „Ich selbst" bin. Das heißt, ich bin in Übereinstimmung mit meinen Gedanken und Überzeugungen. Ich steuere mein Leben aktiv nach meinen Grundsätzen, nach meinen Werten und nach meinen Überzeugungen. Diese Selbststeuerung reguliert mein Verhalten, meine Reaktionen, trifft Entscheidungen und schmiedet Pläne für die Zukunft.

### *Geborgenheit*

Geborgenheit ist ein zentrales Lebensgefühl. Es umfasst Sicherheit, Schutz, Nähe und Wärme, Akzeptanz und Liebe. Geborgenheit entsteht vor allem aus Wiederholung, aus bekannten Mustern. Man fühlt sich geborgen überall da, wo Vertrauen und ein Sicherheitsgefühl vorhanden sind. Geborgen sein heißt: ohne Angst sein können, sich sicher fühlen können, sich auch mal fallen lassen können mit dem Wissen, dass Jemand vorhanden ist, der auffängt und schützt, also durch Bezugspersonen, die wir als zuverlässig und loyal wahrnehmen. Geborgenheit hat zwei Ebenen, auf der sie empfunden werden kann:

Die körperliche Ebene:

Je geborgener ich mich fühle, desto entkrampfter ist mein Körper. Die Muskulatur entspannt, der Körper sendet positive Botenstoffe aus und stärkt das Immunsystem. Je entspannter ich bin, desto mehr bin ich bereit, mich auf mich selbst und meine Bedürfnisse einzulassen. Ich empfinde eine wahre Lust am Leben!

Die Gefühlsebene:

Emotionale Geborgenheit drückt sich aus in einem Zustand völliger Sorglosigkeit und tiefstem Frieden mit uns und unserem Leben. Wir sind frei von innerem Druck oder äußeren Bedrohungen. Wir fühlen uns eingebunden in eine Gemeinschaft ohne Konkurrenzdruck und permanentem Rechtfertigungszwang.

**Das ist das Leben, das wir führen wollen!**

Allerdings stehen wir uns diesem Lebenswunsch oft selbst im Weg. Denn wir folgen nur all zu leicht dem Mantra: Unbegrenzt flexibel und ständig verfügbar! Eine Forderung, die dem Menschen normalerweise schwerfällt oder die ihn mit starker Aversion erfüllt. Aber zumindest in der realen Arbeitswelt können wir uns diesem Druck nur begrenzt entziehen.

Doch dieser Druck hat auch eine selbstgemachte Seite. Sofern wir dem Mantra nicht folgen wollen oder folgen können, meint unser Unterbewusstsein, dass wir unzulänglich, minderwertig und fehlerhaft sind. Wir empfinden nicht mehr Sorglosigkeit und Frieden, sondern Frust und Unlust. Diese Vorstellung bringt uns dazu, den Zustand der Geborgenheit zu verlassen, weil wir nicht mehr frei von Druck sind und die Forderung an uns als äußere Bedrohung empfinden. Wir wissen den Ort der Geborgenheit, aber wir gehen nicht hin!

**Was also ist zu tun?**

Wer sich diesem Druck entgegen stellen will, braucht zunächst einmal ein gesundes Selbstvertrauen. Denn es gehört viel Selbstvertrauen dazu, einen eigenen Weg zu gehen.

Nur wer lernt, sich selber treu zu bleiben, der findet in sich ein Zentrum der Stärke und des inneren Zusammenhalts. Er fühlt sich wohl, weil er sich selbst vertrauen kann. Er versucht nicht, Effekte zu erzielen, die nicht in seinem Wesen liegen. Er orientiert sein Handeln und Verhalten an seinen Werten – er besitzt das, was wir „Integrität“ nennen. Dieses wertorientierte Selbstbewusstsein zeigt uns den Weg – so steinig er vielleicht auch sein mag – zurück zu dem Leben, das wir wirklich führen wollen.

## *DIE PERSÖNLICHKEITSENTWICKLUNG*

*Man kann die Menschen nichts lehren, man kann ihnen nur helfen, es in sich selbst zu finden.* Dieser Satz von **Galileo Galilei** charakterisiert mit wenigen Worten das Kernanliegen menschlicher Entwicklungsprozesse. Wer sich weiter entwickeln will, muss zunächst einmal bereit sein, sich selbst besser kennen zu lernen und einzuschätzen. Wir sprechen dabei auch von **Selbstreflexion.** Auf der Internetseite des **Institut für Kommunikation & Führung IKF** in Luzern heißt es dazu unter anderem:

*Selbstreflexion bedeutet das Nachdenken über sich selbst und ist eine grundlegende menschliche Fähigkeit. Selbstreflexion steht in enger Beziehung mit Begriffen wie Selbsterkenntnis (das Erkennen seiner Selbst) und Selbstkritik (das Hinterfragen eigener Standpunkte und Handlungen).*

*Für die persönliche Entwicklung eines jeden Menschen ist es wichtig, ein realistisches Selbstbild zu entwickeln und sich selber mit allen Stärken und Schwächen einschätzen zu können. Ich bin neugierig zu wissen, wieso ich so gehandelt habe? Auf welchen Erfahrungen, Überlegungen und Werten stützt sich mein Verhalten ab? Es interessiert mich zu erfahren, wie ich auf andere Menschen wirke, wie sie mich wahrnehmen und ob die beiden Sichtweisen übereinstimmen?*

*Eine probate, aber sensible Methode der Selbst- und Fremdwahrnehmung ist das Einholen und Geben von Feedback. In einem ersten Schritt müssen wir deshalb in einem selbstreflexiven Prozess unsere eigene Lebenswelt und unsere eigenen Lebenserfahrungen genau wahrnehmen, uns Unbewusstes und Selbstverständliches bewusst machen und hinterfragen, uns mit eigenen Wertvorstellungen und Hintergründen auseinan-*

*dersetzen. Die Auseinandersetzung mit eigenen und fremden Haltungen zeigt die Relativität der eigenen Praxis auf, die nur eine mögliche Antwort auf die Herausforderungen des Lebens ist. Jeder Mensch hat sein „Orientierungssystem", welches die Wahrnehmung, das Denken und das Handeln steuert.*

Oft spiegelt die unreflektierte Eigenwahrnehmung ein Zerrbild von uns wider, das der Wahrnehmung durch Dritte keineswegs entspricht. Dieses Zerrbild kann zu kritisch sein, aber es kann auch zu optimistisch sein. Es geht darum – quasi mit einem „Blick von außen" - seine Schwächen und Stärken zu erkennen, diese zielgerichtet zu analysieren und damit eine Basis für ein gesundes Selbstvertrauen zu schaffen – das Vertrauen in die eigenen Kräfte und Fähigkeiten. Solange wir ein falsches Bild von uns haben, werden wir nie so ganz glauben können, dass ein anderer uns wirklich mag oder respektiert. Wenn wir uns selbst nicht akzeptieren können, glauben wir immer, den Anderen etwas vorspielen zu müssen (siehe auch Kapitel „Authentizität").

Wenn wir das Gefühl haben, wir machen alles falsch, wir sind Versager, dann müssen wir den Mut haben, uns zu fragen: Stimmt das wirklich, oder machen wir nur hin und wieder einen ganz menschlichen Fehler? Denn das bedeutet noch lange nicht, dass wir auf der ganzen Linie Versager sind. Wenn wir uns wegen unseres „So Seins" nicht schämen oder gar verurteilen müssen, dann haben wir die Voraussetzung für ein gesundes Selbstbewusstsein im Sinne von Verständnis, Nachsicht und Akzeptanz für uns selbst geschaffen.

Ein positives Selbstwertgefühl stärkt uns gegen Ablehnung und Kränkung und lässt uns gelassener mit negativen Reaktionen unserer Umwelt umgehen. Je positiver unser Selbstbild und unser Selbstwertgefühl sind, desto größer ist unser Selbstvertrauen. Damit machen wir **nicht nur uns** das Leben leichter, sondern auch **den Anderen**.

Wenn wir uns selbst wirklich mögen, dann haben wir auch keinen Zweifel mehr an der Zuneigung und Anerkennung, die wir durch andere erfahren. Die Menschen in unserer Umgebung können uns dann leichter vertrauen und viel entspannter mit uns umgehen. Unsere Ausstrahlung und unsere Authentizität steigen und eine neue Individualität entwickelt sich. Der Unternehmensberater und Hochschullehrer **Karl Dieter Bodack** definiert Individualität folgendermaßen: *Individualität zeigt sich nicht etwa im Egoismus des Strebens nach persönlichem Profit. Das Ich des Menschen entwickelt seine Individualität vielmehr auf der Basis des Wahrnehmens und des Denkens - in der persönlichen Wahrnehmung, der Interpretation der Welt, im Erkennen. Dies geschieht durch willentlich geführtes Denken, das Begriffe und Ideen mit wahrgenommenen Inhalten verbindet und damit Erkenntnis gewinnt. Aus solcher Arbeit schafft das Ich seine persönliche Orientierung in der Welt und gewinnt letztlich Selbsterkenntnis.*

Wer sich also auf den Weg machen will, seine Individualität zu profilieren, sollte seinem bisherigen Verhalten auf den Grund gehen und überlegen, was er daran verändern will.

### *Bereitschaft zur Veränderung*

Der Schriftsteller und erste deutsche Professor für Experimentalphysik **Georg Christoph Lichtenberg,** hat einmal gesagt: *Ich weiß nicht, ob es besser wird, wenn es anders wird. Aber es muss anders werden, wenn es besser werden soll.*

Ausgangspunkt jedes Entwicklungsprozesses ist die innere Bereitschaft zur Veränderung. Dabei steht aber vielen Menschen die Macht der Gewohnheit im Wege. Sie verändern sich nicht gerne, weil sie in den vertrauten Verhaltensmustern ihre wohlbekannten Vorteile sehen.

Im Grunde genommen hassen die meisten Menschen Veränderungen, weil das Risiko des Scheiterns grundsätzlich höher eingeschätzt wird, als die Chance des Erfolgs. In der buddhistischen „Zen-Philosophie" gibt es einen Satz, der heißt:

***Wenn ich die Umstände ändern kann, ändere ich die Umstände.***

***Wenn ich die Umstände nicht ändern kann, ändere ich mich.***

Ziel der Persönlichkeitsentwicklung ist es, Selbstverantwortung und Eigenständigkeit des Individuums so zu entwickeln, wie es die inneren und die äußeren Umstände zulassen. Doch was genau ist eigentlich mit „Selbstverantwortung und Eigenständigkeit" gemeint? Versuchen wir einmal die Begriffe zu definieren:

### *Selbstverantwortung*

Als Selbstverantwortung bezeichnet man die Möglichkeit, die Fähigkeit, die Bereitschaft und die Pflicht, für das eigene Handeln, Reden und Unterlassen Verantwortung zu tragen. Das bedeutet, dass man für sich selbst sorgt, und dass man für die eigenen Taten einsteht und die Konsequenzen dafür trägt, wie es in der Redewendung „sein Schicksal in die eigene Hand nehmen" zum Ausdruck kommt. Aber haben wir überhaupt Einfluss auf unser Schicksal? Oder sind die „Umstände" stärker, denen wir uns lieber fügen? Können wir tatsächlich unser Schicksal in die eigene Hand nehmen? Und haben wir unser Schicksal immer in der Hand oder nur manchmal? Und wollen wir unser Schicksal eigentlich in der Hand haben, oder ist es nicht auch schön, sich zurücklehnen und auf sein Schicksal vertrauen zu können?

Aus meiner Sicht sind wir für unser Schicksal selbst verantwortlich - Schicksal ist das, was ich daraus mache, egal wie mein Leben jetzt aussieht, egal wie viel ich verändern will, jetzt und in Zukunft. Wenn ich etwas hinnehme und es als Schicksal akzeptiere, finde ich mich mit einer Situation ab, nehme eventuell eine Fremdbestimmung an und bringe nicht die Motivation auf, hinter die Dinge zu sehen und etwas zu ändern.

Selbst wenn man an Schicksal glaubt, ist man durchaus in der Lage, das Schicksal zu akzeptieren und es mit Weitsichtigkeit zu verändern. Die Möglichkeiten hierzu finden in unserem Bewusstsein und in unseren Gedanken statt. Wir selbst entscheiden, ob wir das Schicksal einfach so hinnehmen, oder es Lernaufgabe für unsere Persönlichkeitsentwicklung annehmen.

Wir sehen, Selbstverantwortung ist eine Frage der Einstellung, sie ist nicht allgemein gültig und auch nicht übertragbar - dies sind höchstens Aufgaben und Kompetenzen. Jeder Mensch ist Experte für sein eigenes Leben, für seine Bedürfnisse und Ziele. Jeder Mensch hat seine eigenen Fähigkeiten und Potentiale, und auch die kleinsten Schritte sind unendlich wertvoll. Jeder Mensch besitzt seine eigene Erfolgsstrategie. Erst wenn Menschen sich selbst für das Erreichen klar definierter Ziele in die Pflicht nehmen, stellt sich die für das Übernehmen von Verantwortung notwendige Identifikation ein. Inwieweit der Einzelne Selbstverantwortung übernehmen kann, hängt zu einem großen Teil von seinen Informationen, seinem Wissen und seinen Fähigkeiten ab.

Darüber hinaus bestimmen die herrschenden sozialen Werte und Normen maßgeblich, in welchem Ausmaß Eigenverantwortung notwendig, erwünscht und möglich ist. Innerhalb dieses Rahmens bestimmt jeder Mensch individuell, welchen Grad an Verantwortung er übernehmen will und wie er diese Verantwortung in aktives Handeln umsetzt. Vielleicht ist das die größte Herausforderung, der wir uns als Menschen stellen können.

### *Eigenständigkeit*

Eigenständigkeit bedeutet, Verantwortung für sich und andere zu übernehmen und entsprechend zu handeln. Es hat also einerseits etwas mit Eigenverantwortung, andererseits etwas mit Fürsorge zu tun. Es bedeutet aber zugleich auch, einen **eigenen Weg** zu gehen.

Der Schauspieler **Marlon Brando** hat einmal gesagt:

*Nur wer seinen eigenen Weg geht, kann von niemandem überholt werden.*

Aber dieser Weg ist nicht nur ein Weg der Harmonie, sondern er ist gespickt mit Grenzen, Widerständen und Behinderungen. Der Begriff Eigenständigkeit hat also auch viel mit dem Begriff „Durchsetzungsfähigkeit“ zu tun. Durchsetzungsfähigkeit bedeutet, die eigenen Interessen und Ziele zu kennen und angemessen zu verwirklichen. Im Idealfall, ohne die Qualität der sozialen Beziehungen nachhaltig zu beeinträchtigen. Ein Balanceakt, den man zwischen Abgrenzung **von** anderen und Kooperation **mit** anderen vollbringen muss.

**Warum gestaltet sich aber, was eigentlich selbstverständlich sein müsste, als so schwierig?**

Der Psychologe **Hermann Meyer**, Leiter des **Instituts für psychologische Astrologie** in München sagt dazu sinngemäß:

*Zunächst einmal passiert oft folgendes: Wer den eigenen Weg gehen und durchsetzen will, stößt in einem Umfeld selten auf Begeisterung. Die Menschen der näheren Umgebung klatschen meist nur Beifall, wenn man eine Norm oder ein Ideal erfüllt bzw. verkörpert - oder wenn man so ist wie sie, wenn sie sich reproduziert sehen.*

*So mancher ist nur dann hocherfreut, wenn er sieht, dass der andere genauso fühlt, denkt und handelt wie er, dass der andere dieselben Vorlieben hat, dieselben Hobbies, dieselben Sportarten bevorzugt und denselben Geschmack hat wie er. Wer jedoch Eigenständigkeit entwickelt und zu verwirklichen vermag, der weicht von der Norm ab und unterscheidet sich oft gravierend von seinen Mitmenschen. Diese Abweichung wird als Schmerz empfunden und oft aufs heftigste bekämpft.*

*Eigenständigkeit zu leben, bedeutet, dass man meist gegen die Interessen der Mitmenschen verstößt, besonders dann, wenn man letzteren lange als Projektionsfläche gedient hat und sie andere Pläne für einen haben. Man erfüllt ihre Erwartungen nicht mehr, sie glauben, keine Vorteile mehr ziehen zu können, oder haben Angst, ihre Projektionen zurücknehmen, auf eigenen Beinen stehen und selber selbständig werden zu müssen.*

*Wer eigenständig werden will, muss anecken, sonst bleibt er eine bloße Marionette der Normen und Ideale der Kultur und Zeitepoche. Er muss diesen Weg ganz alleine gehen, und es gibt für ihn dabei kein Vorbild, nach dem er sich ausrichten könnte, denn jeder hat eine andere psychische Struktur, eine andere Identität und infolgedessen gibt es hier keinen*

*Guru oder Führer. Die Führung auf diesem Weg muss daher die eigene innere Stimme, die Stimme der Natur bzw. des Lebens übernehmen.*

Es ist also die Aufgabe jedes Individuums, den Prozess der Persönlichkeitsentwicklung aktiv und zielgerichtet selber zu gestalten. Dabei gibt es keine Normen oder Vorgaben. Bestenfalls (oder schlimmstenfalls) gibt es Erwartungen. Die sind aber oftmals sehr widersprüchlich. Die einen wollen Hü, die andern wollen Hott. Man kann sie ignorieren, oder man muss abwägen und ausgleichen. Auf jeden Fall aber dürfen sie uns nicht von dem einmal eingeschlagenen Weg abbringen.

***Entwicklung des Ich-Bewusstseins***

Es ist die Frage, die die Menschen, seit sie das Bewusstsein über sich selbst erlangt haben, nie mehr losgelassen hat: die Frage nach dem „Ich" und danach, was dieses „Ich" ausmacht, wie und wann es zur Geltung kommt. Der Theologe **Rolf J. Pöhler** schreibt in einem Artikel: *Wir sind zeitlebens auf der Suche nach uns selbst, nach unserer eigenen Identität. Diese Identitätssuche und -findung ist von entscheidender Bedeutung für unser Dasein, denn sie ist unter anderem die Voraussetzung dafür, dass wir fähig werden, eine dauerhafte Partnerschaft mit einem anderen Menschen einzugehen. Denn nur wer sich selbst gefunden hat, kann sich an andere binden.*

Ich-Bewusstsein umfasst die Identität des eigenen unverwechselbaren Seins, der eigenen Geschichte. Jeder Mensch ist eine wertvolle und eigenständige Persönlichkeit und hat Anspruch darauf, als er selbst anerkannt zu werden, und als Teil der Gemeinschaft zu wirken. Eine eigene Identität zu entwickeln, also sich selbst zu finden und ein positives Bild von sich selbst zu erlangen, ist eine große, herausfordernde Aufgabe. Es ist ein Prozess, der nicht geradlinig und von heute auf morgen passiert, sondern immer wieder großen Schwankungen unterliegt.

Der Mensch muss lernen, sich anzunehmen, wie er ist, ohne dabei die eigene Identität in Frage zu stellen. Auch wenn wir bestimmte Verhaltensweisen an uns nicht mögen, nehmen wir uns immer als ganze Person an und werten uns nicht ab. Wir benötigen unsere eigene Wertschätzung, um gute und respektvolle Beziehungen zu anderen eingehen zu können. Dadurch bauen wir ein gesundes Selbstvertrauen auf, das uns schützt vor schädlichen Einflüssen und Missbrauch von außen.

**Adolph Franz Friedrich Freiherr von Knigge** schreibt in seinem Buch: „Über den Umgang mit Menschen":

*Die Pflichten gegen uns selbst sind die wichtigsten und ersten, und also der Umgang mit unsrer eigenen Person gewiss weder der unnützeste noch uninteressanteste. Es ist daher nicht zu verzeihen, wenn man sich immer unter andern Menschen umhertreibt, über den Umgang mit Menschen seine eigene Gesellschaft vernachlässigt, gleichsam vor sich selber zu fliehen scheint, sein eigenes Ich nicht kultiviert und sich doch stets um fremde Händel bekümmert.*

*Wer täglich herum rennt, wird fremd in seinem eigenen Hause; wer immer in Zerstreuung lebt, wird fremd in seinem eignen Herzen, muss im Gedränge müßiger Leute seine innere Langeweile zu töten trachten, büßt das Zutrauen zu sich selber ein und ist verlegen, wenn er sich einmal vis à vis de soi-même befindet. Wer nur solche Zirkel sucht, in welchen er geschmeichelt wird, verliert so sehr den Geschmack an der Stimme der Wahrheit, dass er diese Stimme zuletzt nicht einmal mehr aus sich selber hören mag; er rennt dann lieber, wenn das Gewissen ihm dennoch unangenehme Dinge sagt, fort, in das Getümmel hinein, wo diese wohltätige Stimme überschrien wird.*

Übertragen auf die heutige Zeit sagt der Freiherr nichts anderes, als dass es zwingend notwendig ist, eine gut funktionierende Beziehung zu sich selbst zu haben. Herr von Knigge würde heute wahrscheinlich sagen: „Dies ist die wahre Lebenskunst" – eine bewusste, aus sich selbst heraus entschiedene und selbst behauptete Lebensführung. Denn das ist die Situation des modernen Individuums: In der globalisierten Welt ist der Mensch mehr denn je zuvor auf sich selbst gestellt. Er sieht sich vor die Aufgabe gestellt, selbst nach Orientierung zu suchen und sein Leben selbst zu führen, ohne sich dafür gerüstet zu fühlen.

### *Identitätsfindung*

Beim Menschen bezeichnet „Identität" die ihn kennzeichnende und als Individuum von anderen Menschen unterscheidende Eigentümlichkeit seines Wesens. Dabei haben die meisten Menschen zunächst nur eine Identität, die sich aufgrund von Äußerlichkeiten (Geschlecht, Physiognomie, Aussehen, etc.) zusammensetzt. Erst im Laufe des Lebens erwerben wir eine innere Identität, die auf einem Prozess von individuellen Erfahrungen und Entscheidungen basiert.

In einem weiteren sozialpsychologischen Sinne versteht man unter Identität die Kombination der äußerlichen mit den inneren Wesensmerkmalen, anhand deren sich ein Individuum von anderen unterscheiden lässt - Das erlaubt eine eindeutige Identifizierung. So werden unter dem Begriff „Identität" **alle** Merkmale zusammengefasst, die ein Individuum ausmachen. Identität ist demnach eine **ganzheitliche** innere und äußere Struktur einer Person.

Wie wir bereits im Kapitel „Charakterbildung“ gesehen haben, vertritt die Psychologie die Auffassung, dass der Mensch verschiedene Phasen der Persönlichkeitsentwicklung durchläuft. Die Gewinnung der eigenen Identität ist dabei das zentrale Thema. Vor allem die Beantwortung der Frage, welche Rolle wir gegenüber Bezugspersonen, Berufskollegen oder sonstigen Gruppenmitgliedern einnehmen sollen und wollen, hilft uns bei der Identitätsfindung. Mit fortschreitender Entwicklung stellt sich die Frage:

**Wer bin ich? Was will ich**?

Diese Fragen lassen sich nicht so ohne weiteres beantworten. Um zu einer Antwort zu kommen, muss ich die tieferliegenden Fragen nach meinen Wünschen und meinen Zielen, meinen Beziehungen zu meinem Partner und meiner Familie, nach meinen Finanzen und meiner Gesundheit und anderen Lebensthemen, die mir wichtig sind, klären. Ich muss mich fragen, was macht mich zufrieden und was hindert mich daran, zufrieden zu sein. Dazu ist es zunächst wichtig, die eigenen Bedürfnisse zu kennen. Wir Menschen haben sehr viele Bedürfnisse! Unter Umständen wechseln diese Bedürfnisse jährlich, monatlich, täglich oder sogar stündlich. Es sind mitunter so viele, dass wir gar nicht mehr wissen, was wir wirklich wollen. Gleichzeitig fordert die Gesellschaft viel von uns ab. Wir sollen auf allen Ebenen Einsatz und Enthusiasmus zeigen, sonst drohen Konsequenzen wie Arbeitsplatzverlust, Verlust sozialer Kontakte, Verlust von Anerkennung oder gar Zerwürfnisse in der Familie.

**Wie aber gehe ich mit diesem Dilemma um?**

Viele Menschen wissen nicht, was ihnen zur inneren Zufriedenheit und zu einer hohen Lebensqualität fehlt. Um dies heraus zu finden, müssen sie sich zunächst einmal folgende Fragen beantworten:

- Welche Identifikation mit meiner beruflichen Tätigkeit habe ich?
- Was tue ich am liebsten in meiner Freizeit?
- Für was bringe ich wirklich Leidenschaft auf?
- Welche Menschen sind mir besonders wichtig?
- Für was will ich mich besonders engagieren?
- Was strebe ich an und will es unbedingt erreichen?

Die Beantwortung dieser Fragen zeigt auf, was uns wirklich bewegt und wo wir Handlungsbedarf haben. Hier gilt es, frühzeitig die Dinge richtig einzuordnen und sich klare Ziele und Prioritäten zu setzen. Diese Ziel- und Prioritätensetzung muss orientiert sein an den individuellen Wertvorstellungen, Talenten und Bedürfnissen. Nur wenn wir uns voll und ganz darauf konzentrieren, ist es uns möglich, den Weg zum Ziel auch kontinuierlich zu gehen. Als zweiten Schritt gilt es, die bisher gesammelten emotionalen, sozialen, beruflichen und sonstigen Erfahrungen zu einer **Ich-Identität** zusammenzufassen:

- Was habe ich bisher schon erreicht, was will ich noch erreichen?
- Wo war ich erfolgreich, wo bin ich gescheitert?
- Was kann ich besonders gut, wo habe ich Schwächen?
- Welche Hürden habe ich bereits überwunden und wie?
- Was fehlt mir noch, um mich weiter zu entwickeln?

Ist diese Ich-Identität erst einmal ausgebildet, das heißt, ist sich der Mensch seines Charakters bzw. seiner Position in der Welt bewusst, fällt es ihm leicht, sich während seines Lebens eine Umwelt zu suchen, **die**

**zu ihm passt**, bevor er versuchen muss, sich **seiner Umwelt anzupassen.** Denn die individuelle Identität ist auch immer durch eine Gruppenidentität bestimmt, sodass individuelle Identität auch eine wechselseitige soziale Beziehung und Bindung ausdrückt.

Das Finden der richtigen Gruppenzugehörigkeit ist demnach ein wichtiger Bestandteil der Identitätsfindung. Gelingt dies, entgeht man der Gefahr, in eine Erwartungswelt zu geraten, der man nichts oder nur wenig anzubieten hat.

### *Identitätsveränderung*

Wir hatten weiter oben gesagt, dass Identität die „unterscheidende Eigentümlichkeit des Wesens" ist. Nun ist das Wesen eines Dreißigjährigen, der schon durchaus reflektionsfähig ist, möglicherweise völlig anders, als das Wesen desselben Menschen, wenn er pensioniert und Großvater ist. Will damit sagen: Wir können uns verändern und wir haben es in der Hand, unser Leben zu gestalten und somit unsere Identität weiter zu entwickeln.

Dabei helfen uns Werte und Ideale. Sie setzen in uns das Bedürfnis frei, nach etwas zu streben, was wir zurzeit noch nicht haben oder noch nicht sind. Das heißt, der Veränderungsprozess beginnt zuerst in unserem Kopf. Der Personalberater **Hans-Peter Wellke** schreibt in einem Artikel:

*Wir können uns also eine Welt vorstellen, die wir uns erschaffen wollen und werden genau diese dann auch erschaffen. „Selbsterfüllende Prophezeiung" gibt es auch im positiven Sinne.*

Was Hans-Peter Wellke damit sagt, ist, dass sich die Identitätsveränderung in zwei Schritten vollzieht. Im ersten Schritt spiele ich die neue Identität in Gedanken bereits einmal durch. Ich prüfe, ob meine Wertorientierung und meine wesentlichen Charaktereigenschaften mit der veränderten Identität in Einklang zu bringen sind. Auf keinen Fall darf durch die Veränderung meine Authentizität in Frage gestellt sein.

Sind **Handlungsmotiv** (Das Streben nach Etwas) und voraussichtliches **Handlungsergebnis** (Gleichbleibende Authentizität) kongruent, muss die Identitätsänderung im zweiten Schritt auch zwangsläufig zu einer Verhaltensänderung führen, weil mit den alten Verhaltensmustern die neue Aufgabe, die neue Position, die neue Verantwortung in der Regel nicht auszufüllen ist.

Nehmen wir zum Beispiel einen Fußballspieler, der zum Trainer wird. Wir haben hier zwei völlig unterschiedliche Anforderungsprofile. Der Spieler, der bisher Weisungen seines Trainers entgegen zu nehmen hatte, muss nun als Trainer Weisungen erteilen, und er muss auf einer gleichgeschalteten Ebene Abstimmungsprozesse mit seinem sportlichen Direktor und seinem Vorstand durchführen. Würde diese Person ihre Identität nicht verändern, würde sie mit ihren alten Verhaltensmechanismen kläglich scheitern.

Ein zweiter wichtiger Faktor bei der Identitätsänderung ist die **konsequente Zielverfolgung.** Nur wenige Menschen verfolgen ihre Ziele konsequent bis zum Ende. Es fehlt in vielen Fällen die Kraft, die für richtig erkannten Ziele auch tatsächlich umzusetzen. Man spricht dabei von „mangelnder Umsetzungskompetenz“.

Diese Kompetenz ist bei jedem Menschen unterschiedlich stark ausgeprägt. Sie verlangt Selbstvertrauen und Durchsetzungsstärke. Und sie verlangt Ausdauer und Konzentration auf das Wesentliche. Und sie verlangt die immer wieder zu erneuernde Motivation, die Auslöser für den Veränderungswillen gewesen ist. Und sie verlangt natürlich ein Ankämpfen gegen unsere bisherigen Gewohnheiten.

Und an diesem Punkt fallen die tatsächlichen Entscheidungen über Erfolg oder Misserfolg unserer Zielerreichung: Bin ich wirklich bereit, meine Verhaltensmuster oder bisherigen Gewohnheiten zu verändern? Ist mir das Ziel so wichtig, dass ich bereit bin, diese Mühe auf mich zu nehmen? - Nur wer von der Notwendigkeit und dem Nutzen der Veränderung wirklich überzeugt ist, kann den Umsetzungsprozess erfolgreich bestehen.

***Gesellschaftliche Verantwortung***

Seit die Menschen über sich selbst nachdenken, haben sie einen Gegensatz zwischen der Forderung nach individueller Stärke und Persönlichkeit auf der einen Seite sowie nach kollektiver Anpassung an die Gesellschaft auf der anderen Seite erlebt. Auf der einen Seite steht der einzelne, durch seine biologische Ausstattung und seine individuellen Wünsche bestimmte Mensch und auf der anderen Seite die Gesellschaft als Norm gebende Kraft. In der heutigen Zeit wird von dem Individuum zweierlei verlangt:

1. **Einordnung in die gesellschaftlichen, gesetzlichen und moral – ethischen Rahmenbedingungen.**

2. **Selbstverantwortung zur Sicherung der eigenen Existenz und Übernahme von Verantwortung gegenüber Dritten.**

Diese Forderungen tragen durchaus Konfliktstoff in sich. Der Mensch will sein individuelles Potenzial frei entfalten und nicht nur gesellschaftlicher Leistungserbringer sein, er will die Gesamtheit seiner Fähigkeiten zur

Geltung bringen, unabhängig davon, was die Gesellschaft von ihm fordert oder erwartet. Er will nicht nur funktionierender Teil eines großen Ganzen sein, nein, er will selbst ein „Ganzes“ sein.

Dieses „Ganzheitsstreben“ des Einzelnen hat nichts mit Egoismus zu tun, so wenig, wie die Forderung nach gesellschaftlicher Eingliederung etwas mit Kollektivismus zu tun hat. Das Streben nach Individualität ist ein Ideal, das nicht ausschließlich nach persönlichem Erfolg oder Lebensglück und die im engeren Sinne persönlichen Interessen des Subjekts fragt, sondern es ist ein Wert in sich, der sich in der Persönlichkeit verwirklicht.

Persönlichkeitsbildung ist also das Streben nach individueller Entwicklung. Es ist ein Prozess, bei dem es um die schrittweise und zunehmende Realisierung menschlicher Möglichkeiten geht. Das jeweils erreichte Niveau bildet den Ausgangspunkt weiterer Entfaltung.

Persönlichkeitsbildung kann aber letztlich nur im gesellschaftlichen Kontext erfolgen. Dieser schafft nicht nur die Möglichkeiten, sondern er setzt auch die Grenzen. Innerhalb dieser Möglichkeiten hat der einzelne Mensch – entsprechend seiner Anlagen und Fähigkeiten - die freie Wahl, welchen Weg er gehen will und zu welchem „Typ“ er sich entwickeln will. „Typisch“ zu sein heißt also, sein eigenes Ding zu machen, das eigene Leben nach den eigenen Vorstellungen zu gestalten.

Allerdings wissen wir manchmal gar nicht so recht, wo wir eigentlich hin wollen, und wie ein Leben nach unseren Vorstellungen eigentlich genau aussehen soll. In welcher Weise die grundsätzlich vorhandenen Möglichkeiten individuell genutzt werden, ist ebenso nicht festgelegt, wie die Unverrückbarkeit der gesellschaftlichen Rahmenbedingungen. Dass viele die Freiheit des eigenen Weges nicht nutzen, ja nicht einmal wahrnehmen und erleben, ist leider eine mögliche Folge genau dieser tatsächlich vorhandenen, relativen Freiheit. Sie verlangt uns nämlich einiges ab:

- **Wir müssen selbst entscheiden**
- **Wir müssen selbst handeln!**
- **Wir müssen selbst verantworten!**

Die Selbstentfaltung des Einzelnen klappt am besten, wenn sich auch alle anderen frei entfalten - weil dann deren Ideen, Wirkungen und vieles mehr sowohl für den Einzelnen als auch für die Gesellschaft nutzbar werden. Doch das Ganze gilt auch andersherum: Eine freie Gesellschaft ist eine Gesellschaft, in der die Entfaltung des Einzelnen die Voraussetzung für die Entfaltung der Gesellschaft insgesamt ist. Selbstentfaltung ist also nicht nur eine subjektiv wünschenswerte und angenehme Vorstellung, sondern sie ist auch gesellschaftlich erforderlich.

Menschen, die in einer Gemeinschaft zusammenleben, müssen immer wieder zwischen den eigenen Interessen und den Interessen anderer abwägen. Wenn Menschen zu der Einsicht gelangen, dass sie einerseits den eigenen Interessen dienen, indem sie gleichzeitig den Interessen der Anderen dienen, dann kann sich die volle Leistungsfähigkeit einer Gesellschaft entfalten. Nur in diesem Kontext kann der Mensch seine eigene Subjektivität leben und zur Persönlichkeit heranreifen.

Wir alle sind eingebunden in eine Umgebung, die aus einer größeren oder kleineren Zahl von Menschen besteht, aus der Gesellschaft. Gesellschaft ist zugleich Erfahrung, die uns von Menschen auf verschiedene Weise vermittelt wird. Das geschieht durch ihre bloße Anwesenheit, durch ihre Mitteilungen oder ihr Verhalten in bestimmten Situationen. Ebenso ist jedes Individuum Teil der Umwelt anderer Menschen, auch wir prägen und beeinflussen andere.

Viele unserer Gedanken, unserer Hoffnungen, Sorgen und Zukunftserwartungen beschäftigen sich mit anderen Menschen z.B. mit Eltern, Geschwistern, Freunden oder Feinden. Mit einzelnen Menschen ebenso mit Gruppen, wie z. B. dem Sportverein, der Schulklasse oder dem Freundeskreis. Wir tauschen uns mit ihnen aus und bekommen neue Anregungen. Als Summe von Individuen gestalten wir die Gesellschaft. Zur Entwicklung einer eigenständigen Persönlichkeit gehört daher auch die Bereitschaft zur Übernahme von Verantwortung für eben diese Gesellschaft.

### *Menschenbild und Gesellschaft*

Der überwiegende Teil der Menschen ordnet sich in die Gesellschaft ein und richtet sein Handeln nach den Usancen und Gepflogenheiten seiner Umwelt aus. Welchen Strömungen er dabei folgt, ist orientiert an den eigenen Wertvorstellungen. Denn unsere Entscheidungen, Motivationen und Handlungen sind eng mit den eigenen Wertvorstellungen verknüpft. Dingen, die uns wichtig sind, messen wir einen höheren Stellenwert bei. Wir geben ihnen – bewusst oder unbewusst – Priorität im alltäglichen Gerangel um unsere Zeit und Aufmerksamkeit. Der Mensch strebt immer danach, seine persönlichen Ziele in seinem Umfeld durchzusetzen. Diese Ziele können altruistischer oder auch egoistischer Natur sein. Man kann auch argumentieren, dass **alle Ziele** des Menschen egoistisch sind, da es die **persönlichen Ziele** sind und das Verfolgen dieser Ziele immer einen materiellen oder emotionalen Vorteil bringt.

In einem Artikel vom 15.02. 2006 schreibt die FOCUS-Online-Redakteurin **Christina Steinlein** mit Bezug auf die Psychologin **Doris Wolf**:

*Dass jeder Mensch darauf achtet, dass er nicht zu kurz kommt, ist normal. „Letztendlich verhalten wir uns alle egoistisch. Auch wenn wir dem anderen nachgeben und eigene Bedürfnisse zurückstellen, verfolgen wir damit ein Ziel", sagt Wolf. Wir geben in einem Streit zum Beispiel deshalb nach, weil wir Angst haben, nicht gemocht zu werden oder weil wir keinen Konflikt wollen. Jeder Mensch ist also bis zu einem gewissen Punkt egoistisch. „Unter gesundem Egoismus verstehe ich, dass man sich seiner Bedürfnisse und Wünsche bewusst ist, sie äußert und sie in sein Verhalten mit einbezieht", erklärt Psychologin Wolf. „Man stellt sich die Frage, was man möchte* ***und*** *was der andere möchte. Man zieht klare Grenzen, wenn der andere einen schlecht behandelt."*

*Menschen werden für ihren Egoismus meist belohnt, denn die Ichbezogenheit führt oft zum Ziel. Nur wenige Menschen leiden unter ihrem Egoismus und sehen ein, etwas ändern zu müssen. Überhaupt wird das Eigeninteresse, das jedes Lebewesen hat, bei Menschen durch gesellschaftliche Werte eingeschränkt – und durch die Sanktionen, denen man ausgesetzt ist, wenn man sich anderen gegenüber unfair verhält. Wer immer nur nimmt und niemals gibt, wird irgendwann selbst den treuesten Freund verlieren. Diese Form des Egoismus bezeichnet die Psychologin Wolf als „ungesund egoistisch". Diesen Menschen ist es egal, wenn andere durch ihr Verhalten benachteiligt werden.*

*Die Motive für egoistisches Verhalten sind zahlreich, erklärt Psychologin Wolf. Oft verbergen sich hinter übermäßigem Ellenbogen-Einsatz große Minderwertigkeitsgefühle. „Die Egoisten haben die Einstellung: Ich brau-*

*che unbedingt dieses und jenes, sonst bin ich nichts wert", sagt Wolf. Um das zu erreichen, was sie meinen, erreichen zu müssen, gehen sie rücksichtslos vor.*

*Häufig haben Egoisten auch einfach nur Angst, zu kurz zu kommen. Dabei verlieren sie dann ein gesundes Maß aus den Augen. Dass dafür dann andere zurückstecken müssen, kümmert sie nicht. In vielen Fällen, so die Psychologin, haben die Egoisten „nie gelernt, sich in andere einzufühlen. Sie haben die Einstellung, dass ihnen alles zusteht. Nach dem Motto: ich habe das doch immer gehabt, also muss ich es jetzt auch bekommen."*

*Ein weiterer Punkt, der Egoismus begünstigt, ist eine geringe Frustrationstoleranz. „Die Einstellung: Es wäre schrecklich, wenn ich das nicht bekommen würde. Andere sollten sich nach meinen Vorstellungen richten", erklärt Wolf.*

Wohl die meisten Menschen verhalten sich mehr oder weniger egoistisch. Sie nehmen mehr oder weniger häufig und mehr oder weniger konsequent den egoistischen Standpunkt ein, aber gleichzeitig versuchen sie – zumindest teilweise –, die Interessen anderer Menschen zu berücksichtigen. Das heißt: Sie verhalten sich moralisch. Sie haben ein Interesse daran, dass der moralische Konsens in der Gesellschaft - und sei er auch noch so minimal – Bestand hat.

Dieses Verhalten hat viel mit gemachten Erfahrungen zu tun. Die Erfahrung ihrerseits aber entsteht durch das Umfeld, in dem sie entstand, also durch den Einfluss der in diesem Umfeld gepflegten Ethik, Kultur, Religion und dem sozialen Umgang, um nur die wichtigsten Faktoren zu nennen. Meint es das Schicksal gut mit einem, und gibt es im gesellschaftlichen Umfeld vor allem angenehme und konstruktive Erfahrungen, entwickelt sich tendenziell eher eine positive, und optimistische Persönlichkeit.

Wenn man über eine längere Zeit viele negative Erfahrungen gemacht hat, dann hat das auch Auswirkungen auf die eigene Entwicklung und es bildet sich eine Persönlichkeit, die sich sich selbst nur schwer akzeptieren kann. Das gesellschaftliche Umfeld hat also einen erheblichen Einfluss auf die Persönlichkeitsentwicklung.

### *Entwicklung von Sozialkompetenz*

Es gibt in verschiedenen wissenschaftlichen Disziplinen zahlreiche Untersuchungen darüber, wie Sozialkompetenz entsteht. Grundsätzlich gehen die Wissenschaftler heute davon aus, dass nicht allein die Erziehung und die Einflussnahme durch Autoritäten, sondern das gesamte Umfeld des Menschen und die Art, wie er die Welt sieht und für sich interpretiert, für die Entwicklung der eigenen Persönlichkeit und damit auch seiner Sozialkompetenz entscheidend sind.

Aber was ist „Soziale Kompetenz"? Vereinfacht könnte man sagen, „Soziale Kompetenz" ist die Zusammenfassung von Fähigkeiten, die gesellschaftlich als erstrebenswert gelten, wie z.B.:

- **Selbstverantwortung und Eigenständigkeit**
- **Ziel – und Werteorientierung**
- **Kooperationsbereitschaft und-fähigkeit**
- **Konstruktive Konfliktbereitschaft**

Die Anforderungen einer individuellen Lebensführung, einer aktiven Gestaltung sozialer Beziehungen im Gemeinwesen, aber auch die veränderten Anforderungen in der Arbeitswelt machen heute in hohem Maße soziale Kompetenzen notwendig. Die Anforderungen an den Einzelnen haben sich durch den Wertepluralismus, allgemeine Individualisierungstendenzen und gesteigerte Flexibilität und Mobilität rasant geändert.

Im Zuge der Ausweitung beruflicher, sozialer und räumlicher Mobilität verlieren traditionelle Milieus wie Familie, Nachbarschaft, Kirche, Parteien und Vereinen an Bedeutung. Damit verändern sich auch viele bislang gültige Orientierungen und Werte.

Einerseits eröffnen sich dadurch neue Lebensperspektiven und Möglichkeiten der Lebensgestaltung. Andererseits erfordert die Gestaltung des eigenen Lebens ein hohes Maß an sozialen und kommunikativen Kompetenzen. „*Vieles, was früher im Laufe des Lebens sich mehr oder weniger von selbst ergab, wird jetzt als Entscheidung verlangt - und dies vor einem größeren Hintergrund von Auswahlmöglichkeiten*, stellt der Soziologe **Niklas Luhmann** fest.

Die Entwicklung von Sozialkompetenz gewinnt in unserer heutigen Gesellschaft immer mehr an Bedeutung, um das soziale Miteinander in der Gesellschaft zu regeln. Die Menschen erwerben im Laufe ihres Lebens ein umfassendes Repertoire an sozialen Handlungsmustern, das ihnen ein angemessenes Zusammenleben mit anderen sichert. Dieses Handlungsvermögen wird durch Nachahmung und Identifikation, durch Lob, Appelle und das Erfahren von Grenzen sowie durch Einsicht erlernt.

Die Entfaltung der eigenen Person ist zwingend an tragfähige und konstruktive Beziehungen zu Mitmenschen gebunden. Das kann man allerdings nicht wie ein Medikament verordnen oder in einem Dreitagesseminar erwerben. Voraussetzung ist die bewusste Entscheidung des Individuums, sich auf die Gesellschaft einzulassen, was nicht ohne Anstrengung und einen entsprechenden zeitlichen Rahmen geht. Es braucht aber auch die Bereitschaft zur Auseinandersetzung mit sich selber und das Sich-Einlassen auf einen kontinuierlichen Lernprozess. Soziale Kompetenz ist eine Lebensaufgabe - aber eine, die sich für jeden Menschen und seine Umgebung lohnt.

### *Mitmachen statt zuschauen*

Wie wir gesehen haben, bietet jede Form von Gesellschaft andere Bedingungen für die Entwicklung der Persönlichkeit. Zwischen der Persönlichkeit eines Individuums und der Gesellschaft bestehen vielseitige Wechselbeziehungen. Dabei gewinnen Fragen nach gesellschaftlicher Verantwortung in einer rasant komplexer werdenden Welt zunehmend an Bedeutung.

Gesellschaftliches Engagement hat unterschiedliche Motive, denen verschiedene Wertvorstellungen zugrunde liegen können: religiöse, allgemein humanitäre oder sozialpolitische. Eine Mischung von privaten Gründen und öffentlicher Bedeutung bestimmen die Motive. Gesellschaftliches Engagement hat einen Wert sowohl für den Einzelnen als auch für die Gemeinschaft; Gemeinsinn und Eigennutz schließen sich nicht aus - im Gegenteil: Die Übernahme von gesellschaftlicher Verantwortung trägt zur Lebenszufriedenheit vieler Engagierter bei. Selbstverwirklichung und das Tun für andere stehen im Einklang miteinander. Der engagierte Bürger zeigt soziale Kompetenz, indem er sich an den öffentlichen Angelegenheiten beteiligt.

Die Bereitschaft, Leistungen für sich und andere zu erbringen und Verantwortung für die Gestaltung des gesellschaftlichen Lebens zu übernehmen, stellt eine notwendige Voraussetzung für ein funktionierendes Gemeinwesen dar. Sie bildet darüber hinaus für den einzelnen Menschen eine grundlegende Möglichkeit, seine Persönlichkeit individuell zu verwirklichen und seine Neigungen und Fähigkeiten im Interesse der eigenen Lebensgestaltung und zum Wohle von Gemeinschaften, denen er sich verbunden fühlt, zu entfalten. Daraus leitet sich die Verantwortung des Einzelnen für die Gesellschaft ab.

Verantwortung entsteht immer da, wo sich Menschen in ein Verhältnis zu ihrer Umwelt begeben. Das Ausmaß der Verantwortung ist aber von dem bestimmt, was sich für den Einzelnen an Möglichkeiten, Chancen und Risiken auftut. Niemand in einer Gesellschaft sollte sich mehr an Verantwortung zumuten, als er nach seinen Möglichkeiten und Fähigkeiten übernehmen kann.

## *DER SANFTE WEG*

Viele Menschen laufen ihr Leben lang irgendwelchen unerreichbaren Zielen nach und hangeln sich so immer von einer Station zur nächsten weiter. Doch was passiert auf Dauer, wenn sie ihren Zielen immer hinterher rennen? Sie suchen nach etwas, was sie sich eigentlich nur selbst geben können, aber sie wissen nicht, was es ist. Deshalb suchen sie eine Bestätigung von außen. Was aber nützt Anerkennung und Wertschätzung von anderen, wenn man sich selbst nicht anerkennt? Persönlichkeit zu entwickeln, bedeutet in erster Linie, klare Vorstellungen von sich selbst zu bekommen, erreichbare Ziele zu definieren und diese konsequent umzusetzen. Dabei darf Anerkennung nicht das Ziel sein - Vielleicht ist es eine Folgeerscheinung.

### *Die Bestimmung der eigenen Identität*

Die eigene Identität, das ist das Zusammenspiel von Selbsterkenntnis, Selbstbewusstsein und Selbstbehauptung. Es geht also um die eigene Unverwechselbarkeit. Wie aber kommt der Mensch zu dieser Identität?

**Antwort:**

Er findet seine Identität dann, wenn er sich seines „Selbst“ ständig bewusst ist. Dies verlangt, ein eigenes Profil zu entwickeln, seine Fähigkeiten und Kompetenzen zu zeigen, präsent zu sein. Das heißt, sich seiner selbst, seiner Werte und Überzeugungen bewusst zu sein und sie unmittelbar zu leben.

Es bedeutet aber auch, sich selbst so zu mögen, wie man ist und mit dem Schicksal „ins Reine“ zu kommen. Wie sich dieser Prozess vollziehen kann und wie der Mensch eigenständig zu seinem „Selbst“ gelangen kann, damit wollen wir uns in diesem Kapitel ausführlich beschäftigen. Am Beginn dieses Zusammenspiels steht die

***Selbsterkenntnis***

Selbsterkenntnis ist die grundlegende Fähigkeit des Menschen, auf der Basis der eigenen Anlagen, Möglichkeiten und Realitäten Vorstellungen über sich selbst und seine Beziehungen zur Umwelt zu gewinnen. Sie ist die Basis für jegliche Form der Persönlichkeitsentwicklung. Sie ermöglicht uns, die eigene Person, das eigene Denken und Handeln, aber auch die eigenen Gefühle, auf neutrale Weise zu beobachten und wahrzunehmen. Dadurch erweitert sich unser Gestaltungsraum in Bezug auf unser Verhalten und unsere Einstellung unserer Umwelt gegenüber.

Nur wenige Menschen finden schon in jungen Jahren ihren eigenen Weg. Die meisten müssen erst mit zunehmendem Alter erkennen, wo ihre wirklichen Stärken und Schwächen liegen und manchmal auch schwierige Wege mit manchem Richtungswechsel gehen. Es beginnt immer wieder eine neue "Suche nach sich selbst". Man trennt sich von Ideen, die schlicht Träume waren und ändert die Richtung. In gewissen Zeitabständen zieht man Bilanz und stellt fest, wie weit die eigene Entwicklung vorangeschritten ist. Wenn ich meine Selbsterkenntnis nutzen will, um auf dieser Basis Veränderungsprozesse einzuleiten, muss ich mir sechs Fragen beantworten:

1. **Was denke ich über mich?**
2. **Was will ich von mir – was sind meine Bedürfnisse?**
3. **Was macht mich ärgerlich, traurig oder enttäuscht und weshalb?**

4. **Was will ich nie wieder mit mir erleben?**
5. **Was genau muss ich tun oder unterlassen?**
6. **Schaffe ich den Veränderungsprozess allein oder brauche ich Unterstützung?**

Diese Fragestellungen scheinen heute bei vielen Menschen präsent zu sein. Das ist ja auch verständlich: Hinter diesen Fragen steckt das Bedürfnis, dem eigenen Leben eine Richtung zu geben. Wir möchten, dass unser Leben einen Sinn und ein Ziel hat. Wenn uns die Richtung im Leben fehlt, erleben die meisten von uns das als schmerzlich und lähmend. Das Leben erscheint vielen Menschen heutzutage als dauernde Belastung, derer man kaum noch Herr werden kann und das einen zwingt, persönlich wichtige Lebensbereiche links liegen zu lassen. Es fehlt die Balance zwischen Anforderungsverhalten auf der einen Seite und individueller Lebensfreude auf der anderen Seite.

Wer aktiv und selbstbestimmt leben möchte, braucht eine Richtung. Denn wenn wir eine Richtung haben, die auf unseren Wünschen, Vorlieben, Prinzipien und Werten beruht, dann hilft uns das bei unserer Lebensplanung. Wir können dann schauen, was uns wirklich wichtig ist. Vielleicht ist es die Familie, vielleicht der Freundeskreis, vielleicht der Beruf oder irgendwelche Hobbies. Wir können herausfinden, was wir wirklich wollen, was uns glücklich macht. Denn nur, wenn wir ehrlich zu uns sind und in uns hineinhorchen, können wir an den Punkt gelangen, an dem "Wer bin ich" und "Was will ich" nicht mehr Fragen sind, die aus der Not heraus, aus einem unbefriedigtem Herzen, einer unerfüllten Leidenschaft oder Sehnsucht heraus gestellt werden. Dann sind es Fragen, die angesichts des Glücks der Gegenwart auch einfach mal unbeantwortet bleiben dürfen, bis ihre Zeit gekommen ist. Denn dann ist die Zeit, da aus der Selbsterkenntnis etwas Neues wird:

### *Selbstbewusstsein*

Bei der Identitätsfindung spielt das Selbstbewusstsein eine entscheidende Rolle. Es prägt unsere Haltung, unsere Gesten, unsere Mimik, unsere Reaktionen. Wer selbstbewusst ist, strahlt Zuversicht aus. Wenn wir „gut drauf" sind, verbessert sich wiederum unser Selbstbewusstsein. Wir werden lernfähiger, offener, zuversichtlicher. So können wir mehr Zufriedenheit, mehr Geborgenheit und mehr menschliche Nähe erleben und freuen uns auf neue Erfahrungen. Das wiederum steigert unsere Spontanität und Lebensfreude – ein Kreislauf.

Selbstbewusstsein ist keineswegs mit Egoismus gleichzusetzen, im Gegenteil: Durch ein konstruktiv-kritisches Verhältnis zu sich selbst kann man nicht nur sein Leben aktiv gestalten, sondern sich auch auf andere Menschen und ihre Bedürfnisse einlassen. Dabei sollte man sich nicht vor Konflikten scheuen, die unter verschiedenen Menschen mit verschiedenen Bedürfnissen unvermeidbar und sogar notwendig sind. Erforderlich sind jedoch Kompromissbereitschaft und Mitgefühl, denn nur gemeinsam kann man sich selbst wirklich begegnen, und erst das Akzeptieren der eigenen Grenzen schafft wirkliche Freiräume. Wichtig ist, dass man frühzeitig erkennt und kenntlich macht, wer man ist und was man will. So gibt man seinem Umfeld die Möglichkeit, sich auf das Wesen und den Charakter des Einzelnen einzustellen.

Ein gutes Selbstwertgefühl weist den Weg in ein zufriedeneres Leben. Gebe ich mir selber Wertschätzung, bin ich nicht auf das Lob anderer angewiesen. Wir müssen uns immer wieder bewusst werden, dass wir für unser Selbstwertgefühl auch selber zuständig sind. Niemand kann mir das Gefühl geben, minderwertig zu sein, wenn ich es nicht annehme. Dazu gehört auch, meine Unvollkommenheit zu akzeptieren. Wenn ich so handele, dann bin ich nicht mein eigener Gegner, sondern mein bester Freund. Ich bin weniger manipulierbar und ich spare viele Umwege in Leben. Der dänische Philosoph **Sören Kierkegard** sagt:

***Das Große ist nicht, dies oder das zu sein, sondern man selbst zu sein.***

Wer ein gutes **Selbstwertgefühl** hat, entwickelt auch ein gutes **Selbstbewusstsein.** Selbstbewusstsein heißt, sich seiner Stärken aber auch seiner Schwächen bewusst zu sein. Was aber tun, wenn man es nicht hat? Kann man sein eigenes Selbstbewusstsein fördern bzw. weiterentwickeln?

**Ja man kann es!** Aber die Frage ist, wie?

Das Ringen um ein stabiles Selbstwertgefühl bleibt niemandem erspart, da die Selbsteinschätzung – also die möglichst realistische Beurteilung der eigenen persönlichen Rahmenbedingungen - sowohl von unseren Selbstzweifeln als auch von unseren Kompetenzen und Erfahrungen abhängt. Die Grundlage für ein gesundes Selbstbewusstsein ist das Vertrauen in die eigenen Fähigkeiten und ein fester Glaube an sich selbst. Das heißt, auf Grund bisheriger Erfahrungen auf die eigenen Fähigkeiten und Fertigkeiten vertrauen zu können und davon ausgehen zu können, ein bestimmtes Ziel auch durch Überwindung von Hindernissen am Ende tatsächlich zu erreichen. Kurz: man muss an die grundsätzliche Machbarkeit einer Sache glauben und daran, dass man sie selbst ins Werk setzen und vollenden kann.

Selbstvertrauen bringt Selbstsicherheit zum Vorschein. Ein Mensch mit einem tief verwurzelten Selbstbewusstsein und einer Basis an Selbstvertrauen ist authentisch, da er keinen äußeren Einflüssen erlegen ist und keine äußere Stimulans braucht, um Charisma auszustrahlen.

Viele Menschen neigen dazu, ihre eigene Persönlichkeit im Vergleich mit anderen zu bewerten. Dies mag zwar hin und wieder hilfreich sein, kratzt jedoch oft auch an unserem Selbstbewusstsein. Wenn man lange genug sucht, findet man immer Menschen, die in einem bestimmten Bereich etwas besser können oder etwas haben, was man selbst nicht hat. Solche Vergleiche verschlechtern natürlich unser Selbstbewusstsein.

Vergleiche mit der eigenen Entwicklung geben einem häufig mehr Kraft und Stärke. Wenn man z.B. früher viel geraucht oder getrunken hat und dies überwinden kann, dann ist dies viel und eine tolle Leistung. Natürlich gibt es Menschen denen das vielleicht leichter gefallen ist, aber müssen wir uns mit denen vergleichen?

Wenn wir unsere eigene Entwicklung sehen und unsere Fortschritte damit vergleichen, können wir stolz auf uns selber sein. Jeder hat im Leben Erfolge erzielt und Dinge, auf die er stolz ist.

Häufig vergessen wir die Erfolge im Alltag, weil wir uns immer wieder neue Ziele setzen und nach vorne schauen. Jedoch ist die Summe der Erfolge, die wir haben, die Basis für ein gesundes Selbstbewusstsein.

Der amerikanische Psychotherapeut **Nathaniel Branden** sagt dazu:

*Angesichts des geschwundenen kulturellen Konsenses, angesichts fehlender Rollenmodelle, die es wert sind, dass man ihnen nacheifert, angesichts der Tatsache, dass es in der öffentlichen Arena so weniges gibt, das uns beflügelt, uns dafür zu engagieren, und angesichts der so verwirrenden rapiden Veränderungen, die bezeichnend für unser heutiges Leben sind, ist es gefährlich, wenn wir nicht wissen, wer wir sind oder uns nicht selbst vertrauen.*

Der Instabilität der äußeren Welt kann der Mensch nur durch innere Stabilität begegnen. Gerade in einer so widersprüchlichen Zeit wie heute sind wir gefordert, innere Stabilität zu wahren.

*Dies kann uns dann gelingen, wenn wir über persönliche Strategien verfügen, um Krisen zu ertragen, Informationen gezielt und sinnvoll zu filtern und bewusst Emotionales von Rationalem zu unterscheiden. Damit meine ich nicht die Reduktion auf die Fakten, auf das so genannte ‚rein Sachliche', denn unser menschliches Gehirn ist so konstruiert, dass wir Emotionen und Gefühle gar nicht abschalten können.*

*Wann immer uns eine positive oder negative Nachricht oder ein Impuls von außen erreicht, werden Gefühlsreaktionen aktiviert, blitzschnell und bisweilen sehr stark ausgeprägt. Die Frage ist, wie wir damit umgehen,* sagt der Coach **Bernhard A. Zimmermann** in seinem „Archiv Februar 2009".

**Der Umgang mit uns selber**

Ein starkes Selbstwertgefühl ist der Garant für Lebenszufriedenheit, Gesundheit und Erfolg. Umgekehrt kann ein schwaches, instabiles Selbstwertgefühl Lebenschancen verbauen und zu ernsthaften Problemen führen. Menschen, die kein positives Urteil über sich selbst abgeben, unterscheiden sich von Selbstwert starken Personen nach Auffassung von **Nathaniel Brandon** sinngemäß in drei wesentlichen Punkten:

1. *Weil sie lieber beliebt sein wollen als respektiert und bewundert, stellen sie ihr Licht unter den Scheffel und zeigen nicht, was sie können. Von ihren Mitmenschen werden sie deshalb häufig unterschätzt und für wenig kompetent gehalten.*

2. *Selbstwert schwache Menschen wollen als nett, freundlich und sympathisch wahrgenommen werden. „Bloß nicht unangenehm auffallen" heißt deshalb ihre Devise. Anerkennung durch andere ist ihnen zwar sehr wichtig, aber noch wichtiger ist es für sie, sich keine Kritik oder Ablehnung einzuhandeln. Weil sie sich nicht zeigen, können sich andere nur schwer ein Urteil über sie bilden.*

3. *Durch ihre starken Selbstzweifel sind sie auf permanente Bestätigung angewiesen, was Lebenspartner und Freunde oft als sehr belastend empfinden – der Wunsch nach Nähe ist mit der Sorge verbunden, abgelehnt werden zu können. Menschen mit starken Selbstzweifeln und sehr niedriger Selbstwertschätzung sind Selbstwert schwache Menschen und haben größere Ängste, was die Dauerhaftigkeit ihrer privaten wie beruflichen Beziehungen angeht.*

Wer grundsätzlich an sich zweifelt, sein Licht unter den Scheffel stellt, sich bescheiden im Hintergrund hält, der wird weniger beachtet und hat seltener Erfolgserlebnisse. Da bestätigende Zuwendung und ermutigende Leistungen fehlen, bleibt das Selbstwertgefühl auf niedrigem Niveau. Ein Teufelskreis, der langfristig zu ernsthaften psychischen Problemen führen kann.

Und noch einmal **Nathaniel Branden**: *Abgesehen von Störungen, deren Wurzeln biologischer Natur sind, fällt mir kein einziges psychologisches*

*Problem ein, das sich nicht – und sei es zumindest teilweise – auf das Problem eines mangelhaften Selbstwertgefühls zurückführen lässt.* Dies verdeutlichen auch der amerikanische Wissenschaftler **Matthew McKay** und der Journalist **Patrick Flanning** in ihrem Buch „Botschaften“:

*Selbstachtung ist für das psychische Überleben unverzichtbar. Ohne ein gewisses Maß an Selbstachtung kann das Leben ungeheuer schmerzhaft sein, und wichtige Grundbedürfnisse können unerfüllt bleiben.*

Während Selbstwert schwache Menschen sehr vom Urteil ihrer Umwelt abhängig sind, messen Selbstwert starke Menschen der Meinung der Umwelt weniger Bedeutung bei. Sie akzeptieren sich, so wie sie, ohne dies von positiven Rückmeldungen oder persönlichen Erfolgen abhängig zu machen. Nur wer sich selber akzeptiert, kann ein hohes Maß an Selbstbewusstsein erreichen. Wer zu sich selbst steht, wirkt nach außen sicherer. Ein gesundes Selbstbewusstsein hilft, anderen Menschen offen und vorurteilsfrei zu begegnen – noch mehr: Selbstbewusste Menschen stärken auch das Selbstbewusstsein der anderen, indem sie mit Empathie auf ihn eingehen und in ihm den „Mitmenschen“ sehen.

**Exkurs**

Zu sich selber stehen heißt, seine Eigenheiten als wesentlichen Bestandteil des eigenen Seins anzuerkennen. Es heißt auch, zu widersprechen, wenn es notwendig ist und die Konsequenzen zu ertragen. Zu sich selber stehen bedeutet, sich nicht von der Anerkennung anderer abhängig zu machen. Zu sich selber stehen, ist eine Fähigkeit, die man nur durch Erfahrung entwickeln kann. Zu sich selber stehen bedingt, sich an das eigene Wertesystem zu binden und nicht durch äußere Einflüsse manipulierbar zu sein. Zu sich selber stehen heißt, sich selber kennen zu lernen und weiter zu entwickeln. Nehmen wir uns so an, wie wir jetzt sind. Nur wenn wir uns annehmen, können wir uns entwickeln. Und dafür brauchen wir Kraft und Ausdauer. Wenn wir aber ständig gegen uns selber kämpfen, verlieren wir die Energie, die wir eigentlich für die Veränderung benötigen. Wir können die Herausforderungen der Zukunft nicht bestehen. **Exkurs Ende**

**Umgang mit Herausforderungen**

Wer kein ausgeprägtes Gefühl für die eigene Identität, Kompetenz und Wertigkeit besitzt, der hat in turbulenten Zeiten wie diesen schlechte Karten. Menschen mit einem starken Selbstwertgefühl haben eine hohe Meinung von sich und können gut mit Kritik umgehen. Sie sind sich ihres eigenen Wertes sicher und fühlen sich den Herausforderungen des Lebens gewachsen.

Das Kennzeichen für einen erfolgreichen Menschen ist nicht, ob er Probleme hat oder nicht, sondern wie er damit umgeht. Er hat die mentale Einstellung, dass er sein Schicksal selber in die Hand nehmen kann. Er verfügt über Eigeninitiative, Leistungsbereitschaft und Disziplin.

Herausforderungen gehören zum Alltag. Wenn wir aber eine Vorstellung haben, wie wir der Herausforderung begegnen können, überwinden wir auch die Hürden, die dem Erreichen dieses Ziels entgegenstehen. Wir entwickeln eine Kompetenz zur Problemlösung. Schwierigkeiten treten dann auf, wenn wir uns von einem Problem abhängig machen - wenn das Problem uns im Griff hat und nicht wir das Problem. Wir wissen dann nicht, wie wir das Problem lösen sollen. Wir erleben Stress und Frustration. Wir warten darauf, dass etwas geschieht oder dass jemand anderer das Problem für uns löst oder dass die Angelegenheit im Sande verläuft.

Das ist aber in der Regel weit entfernt von der Realität. Wir kommen aus diesem Dilemma nur heraus, wenn wir Verantwortung übernehmen und uns nicht unserem Schicksal ausliefern.

Menschen mit einem starken Selbstwertgefühl haben eine gute bis hohe Problemlösungskompetenz. Sie sind davon überzeugt, dass sie die Fähigkeiten haben, ein Problem rechtzeitig zu erkennen, es umfassend zu analysieren und geeignete Mittel zu seiner Lösung zu ergreifen. Sie gehen Risiken ein, weil sie eventuelle Misserfolge nicht den äußeren Umständen zuschreiben, sondern bereit sind, Verantwortung zu übernehmen. Menschen, die Herausforderungen meistern und sich neue Fähigkeiten aneignen, können auch eine Steigerung ihres Selbstvertrauens wahrnehmen. Sie sind jederzeit in der Lage – auch in schwierigen Situationen – sich selbst zu behaupten.

### *Selbstbehauptung*

Sich im Leben durchzusetzen ist eine Kunst. Vielen Menschen mangelt es in den entscheidenden Situationen an der notwendigen Gelassenheit, Haltung oder einfach der Fähigkeit, sich klar auszudrücken. Selbstbehauptung hat viel mit dem zu tun, was wir heute als „emotionale Kompetenz" bezeichnen. Das besondere an der emotionalen Kompetenz ist, dass es dabei sowohl um den Umgang mit sich selbst geht, als auch um den mit anderen Menschen. Emotionale Kompetenz beschreibt also das Selbstmanagement und die Selbsterfahrung auf der einen Seite und Kompetenzen und Fähigkeiten im Umgang mit anderen Menschen auf der anderen.

Die wichtigste Lektion ist: Selbstbehauptung hat nichts mit Rücksichtslosigkeit oder Egoismus zu tun! Orientiert am Maßstab von "leben und leben lassen" ist Selbstbehauptung weit entfernt von allem Vollkommenheitswahn und Absolutheitsanspruch. Wer eigene Vorstellungen und Wünsche verwirklichen möchte, schafft dies nur durch Überzeugungskraft und natürlicher Autorität.

Selbstbehauptung verdichtet sich in vier Leitmotiven: **Eigenverantwortung, Fairness, Toleranz und gesunder Menschenverstand.** Diese Leitmotive sind weltanschaulich unbelastet und wohl kaum in Frage zu stellen. Sie sind eine glaubwürdige und praktikable Antwort auf den überbordenden äußeren Druck unserer Zeit, auf den „Leistungs – und Karrierekult", der zum raschen Wegbröckeln lebensnotwendiger sozialer Normen und Formen führt.

Gehen wir die Leitmotive der Reihe nach durch. Grundlage und Kern ist die Idee der Lebensgestaltung aus eigener Kraft und Tätigkeit, orientiert am wohlverstandenen Eigeninteresse.

Es ist die **Eigenverantwortung,** in der auch alle menschlichen Tugenden wurzeln: Disziplin, Ausdauer, Geduld, Sorgfalt, Genauigkeit, Pünktlichkeit. Diese Eigenverantwortung, die alle materiellen, geistigen und emotionalen Interessen mit einschließt, lässt sich auch als „gesunder Egoismus" bezeichnen. Eigenverantwortung zielt darauf ab, das Leben aus eigener Kraft zu gestalten. Sie ist ein Schlüssel zur Lebenszufriedenheit.

Das zweite Leitmotiv ist die **Fairness**. Die Grundidee der Fairness ist, dass sich niemand auf Kosten eines anderen profiliert und ihn nicht für eigene Interessen missbraucht. Fairness zielt auf Partnerschaft und Teilhabe. Selbstbehauptung akzeptiert das Konfliktpotential des menschlichen Zusammenlebens, aber sie will es mit Würde und Anstand meistern, eben mit Fairness. Das Problem ist daher nicht der Konflikt an sich, sondern die Frage, wie wir damit umgehen.

Wer sich fair verhält, nimmt das Leben nicht verkniffen oder verbiestert, sondern gelassen und entspannt, aber er achtet die Spielregeln. Er weiß, dass zum Gewinnen auch das Verlieren gehört. Er zieht Niemanden über den Tisch, aber er lässt sich auch nicht über den Tisch ziehen.

**Toleranz** ist die Achtung des Einzelnen gegenüber den Ansichten Anderer. Sie ist die Vorbedingung für eine friedliche Auseinandersetzung um konkurrierende Wertorientierungen und Verhaltensmuster. Wer keine Achtung vor anderen hat, wird auch kaum Freunde haben, steht also quasi allein auf weiter Flur.

Toleranz ist etwas, das jeder Mensch verdient. Auch wenn mir etwas an der Art des anderen oder seiner Aussage missfällt, sollte ich ihm als Person dennoch respektvoll begegnen. Nur wenn ich mein Gegenüber ernst nehme mit allen seinen Fehlern, kann er auch meinen Einwänden wirklich Gehör schenken und sich diese zu Herzen nehmen.

Das vierte Leitmotiv ist **Der gesunde Menschenverstand**: Klugheit, Realitätssinn und Lernfähigkeit. Dies sind Dinge, die jeder Mensch im Laufe seines Lebens erwerben kann. Dazu benötigt man kein Expertenwissen sondern ausschließlich Lebenserfahrung.

Mit der Fähigkeit zur Selbstbehauptung wird niemand geboren. Man wird dazu erzogen, oder man erzieht sich selbst dazu. Erziehung und Selbsterziehung ebnen den Weg zur Selbstbehauptung. Sie erzeugen die Einsicht, dass Persönlichkeitsentwicklung ein ständiger Lernprozess ist, der uns ein Leben lang begleitet. Wir selber können eine Menge tun, um

Wünsche und Visionen Wirklichkeit werden zu lassen, damit wir unsere Lebensziele erreichen.

### *Die Bedeutung der Lebensziele*

*Das Lebensziel des Menschen besteht darin, auf jedwede Weise zur allseitigen Entwicklung alles Bestehenden beizutragen.* Dieser Satz von **Leo Tolstoi** ist die vielleicht umfassendste Definition menschlicher Lebensziele. Wenn wir es etwas tiefer hängen, können wir sagen: Ein Lebensziel ist dasjenige Gut, dem das Individuum den höchstmöglichen Wert beimisst.

Es ist also etwas, was der Mensch unbedingt erreichen will. Er ist bereit, seine ganze Kraft und Energie für die Erreichung dieses Zieles einzusetzen. Welches Ziel oder welche Ziele der Einzelne anstrebt, hat viel mit seiner Wertorientierung, seiner Sozialisation, seinen Charaktereigenschaften und seinen Handlungsmotiven zu tun. Bevor wir näher darauf eingehen, müssen wir aber vorher die Frage klären:

### *Warum brauchen wir Lebensziele?*

Es gibt ein Sprichwort, dass da sagt: *Wer kein Ziel hat, der steuert nicht, der wird gesteuert!* Wer kein Lebensziel vor Augen hat, wer nicht weiß, wo er ankommen möchte, der wird schwerlich irgendwo hin gelangen, wo es ihm oder ihr gefällt. Wer sein Ziel nicht kennt, wird es auch nicht erreichen. Dies gilt für alle Bereiche des Lebens, beruflich, privat und gesellschaftlich. Menschen ohne Ziele tendieren dazu, durch ihr Leben zu irren. Sie gehen mit dem Strom und enden dort, wo immer ihr Leben sie hinführt. Manchmal ist das ein guter Platz, doch oft ist er es nicht. Wo sie enden, können sie meist nicht kontrollieren.

Noch schlimmer - Menschen ohne Ziele fühlen sich häufig zu kraftlos, um Ihr Leben oder die Umstände zu einem sinnvollen oder positiven Weg zu ändern. Ohne Ziele verharrt der Mensch im Sein. Er nutzt sein Potential nicht aus, verweigert sich den Aufgaben, die ihm das Leben stellt und wartet lieber darauf, dass ihm irgend etwas zufällt und andere für ihn aktiv werden. Wer wenig sät, erntet er auch wenig.

*Wenn es keine Vision mehr gibt von etwas Großem, Schönem, Wichtigem, dann reduziert sich die Vitalität, und der Mensch wird lebensschwächer. Wenn das Leben keine Vision hat, nach der man strebt, nach der man sich sehnt, die man verwirklichen möchte, dann gibt es auch kein Motiv, sich anzustrengen, sich anzuspannen, einer Vision nachzuleben,* hat der deutsch-amerikanische Psychoanalytiker **Erich Fromm** kurz vor seinem Tod in einem Interview mit dem „Stern" gesagt.

Anders ausgedrückt: Wer nicht weiß, wo er hin will, lebt nur als funktionierender Teil in einem System, ohne all jene Kräfte zu nutzen, die in ihm stecken. Ein Mensch, der keine Ziele hat, hat auch keine Vorstellung über seine Zukunft. Denn hätte er diese Vorstellung, würde er auch einen Plan entwerfen, sie zu erreichen – Er hätte ein Ziel und wüsste, wo er hin will.

*Unsere Wünsche sind Vorgefühle der Fähigkeiten, die in uns liegen, Vorboten desjenigen, was wir zu leisten imstande sein werden. Was wir können und möchten, stellt sich unserer Einbildungskraft außer uns und in der Zukunft dar; wir fühlen eine Sehnsucht nach dem, was wir schon im Stillen besitzen. So verwandelt ein leidenschaftliches Vorausgreifen das wahrhaft Mögliche in ein erträumtes Wirkliches* sagt **Johann Wolfgang von Goethe.**

Wir müssen dieses zukünftige Sein nur benennen und den Mut haben, einen konsequenten Weg zu beschreiten. Und wir müssen eine Vorstellung entwickeln, wie der Weg aussehen wird, den wir gehen wollen. Zu erkennen, welche Ziele von hoher Bedeutung sind und zu lernen, wie man sich Ziele effektiv setzt und sie vor allem auch erreicht, ist einer der größten Schritte nach vorn, wenn man sich im Klaren darüber ist, was man in seinem persönlichen und beruflichen Leben verwirklichen will.

*Menschen mit klaren Zielen erreichen in einer kürzeren Zeitspanne weit mehr, als es sich Menschen ohne diese Struktur jemals vorstellen können,* sagt der internationale Management-Vordenker **Brian Tracy**. Dies ist umso bedeutsamer in einer Welt, die sich ständig ändert und dies schneller, als jemals zuvor.

Der Selbstcoaching-Spezialist **Ralf Senftleben** sagt:

*Wer klare Ziele hat, kann sich vor allem in turbulenten Zeiten ständiger Veränderung besser orientieren, denn Ziele weisen den Weg. Mit klaren Zielen vor Augen wissen Sie viel eher, wann Sie sich in die richtige und wann Sie sich in die falsche Richtung bewegen. Sie wissen auch, wann Sie "Ja" und wann Sie "Nein" sagen müssen. Und Sie wissen, wann Sie kämpfen müssen und wann Sie gelassen sein können. Ziele wirken wie ein Wegweiser in Ihrem Leben: Sie geben Ihnen bei Ihren Entscheidungen Klarheit. Sie sagen Ihnen, in welche Richtung Sie sich bewegen sollen. Ohne klare Ziele besteht viel eher die Gefahr, dass die Richtung Ihres Lebens von den Ereignissen in Ihrer Umgebung oder von anderen Menschen bestimmt wird. Ohne Ziele reagieren viele Menschen oft nur auf das, was in ihrer Umgebung passiert und kommen vor lauter Reagieren nicht mehr dazu, nachzudenken, was sie eigentlich wollen. Sind Sie sich aber darüber im Klaren, was Sie wirklich wollen, können Sie viel bestimmter Ihren eigenen Weg gehen.*

Es sind Menschen mit klaren Zielen, die Erfolg haben. Ziele sind also nicht nur notwendig, um den Erfolg möglichst schnell und exakt zu erreichen, sondern um überhaupt erst erfolgreich werden zu können! Wir können kein Ziel erreichen, das wir uns nicht bereits zuvor gesetzt haben, egal ob bewusst oder unbewusst. Es gibt meiner Meinung nach nur drei Gründe, warum sich Menschen keine Ziele setzen:

1. **Sie wissen nicht, warum sie sich Ziele setzen sollen**
2. **Sie sind skeptisch in Bezug auf die Zielerreichung**
3. **Der Weg zum Ziel erscheint ihnen zu mühsam.**

Menschen, die wissen, was sie im Leben erreichen wollen, sehen einen klaren Sinn, dem sie all ihre Aufmerksamkeit und Leidenschaft widmen können. Doch wie machen diese Menschen das? Wieso erreichen sie ihre Lebensziele und andere nicht?

Dutzende von Forschungsstudien beschreiben, dass „richtige" Zielsetzungen im beruflichen wie im persönlichen Leben gut funktionieren - Zielsetzungen, die den individuellen Fähigkeiten und Möglichkeiten entsprechen und daher auch tatsächlich erreichbar sind. Es gibt **drei elementare Voraussetzungen**, unter denen eine zielorientierte Lebensplanung gut funktionieren kann:

**Zuversicht**

Zuversicht ist nicht zu verwechseln mit Optimismus. Zuversicht ist immer auf ein Ziel hin ausgerichtet, während Optimismus eine Lebenseinstellung ist. Bei Zuversicht arbeitet man zielorientiert darauf hin, dass etwas gelingen kann, bei Optimismus hofft man darauf. Zuversicht hat viel mit Selbstvertrauen zu tun. Denn Zuversicht bedeutet, den festen Glauben an die eigenen Fähigkeiten und Gestaltungsmöglichkeiten zu haben, dass etwas zum Positiven hin geschehen wird bzw. positiv ausgehen wird. Zuversicht erwächst aus nüchternem Realismus mit kalkulierter Risikofreude und legt ungeahnte Kräfte frei. Nichts kann einen so schnell aus der Bahn werfen und Angst und Schrecken einjagen, wenn Selbstvertrauen und Zuversicht das eigene Leben bestimmen.

**Willenskraft**

Auf dem Weg zum Ziel müssen meist viele Hürden genommen werden. Auch ein Scheitern liegt immer im Bereich der Möglichkeiten. Doch das große Ziel gibt den Menschen die Motivation und Willenskraft den Weg konsequent zu Ende zu gehen. Vor allem die Willenskraft. Willenskraft ist auch ein Synonym für Persönlichkeitsmerkmale wie Beharrlichkeit, Zähigkeit, Entschlossenheit, Robustheit oder Zielstrebigkeit. Allen Begriffen ist gemeinsam, dass sie die psychische Energie bezeichnen, die notwendig ist, um Unlustgefühle, Ablenkungen oder andere Hindernisse auf dem Weg zur Zielerreichung zu überwinden. Fehlende Willenskraft ist der primäre Grund, wenn Menschen ihre Ziele nicht erreichen.

**Realitätssinn**

Ein Lebensziel kann nur wirklich dann erreicht werden, wenn die jeweils gegebenen Rahmenbedingungen realistisch eingeschätzt und in den Umsetzungsprozess einbezogen werden. Dabei sollte man sich nicht im Kampf gegen das, was ist, aufreiben. Besser, man setzt seine Kräfte ökonomisch ein und macht das Beste aus den Gegebenheiten. So erzielt man mit dem geringst möglichen Aufwand das angestrebte Ergebnis. Dabei führen Angemessenheit, Vernunft und kluge Vorausschau weit eher zum Ziel, als Hektik und überstürztes Handeln. Dieser Realitätssinn hilft auch, sich jederzeit über die Konsequenzen des eigenen Handelns im Klaren zu sein. Man bekommt ein gesundes Gespür dafür, wo die eigenen Grenzen liegen und wann es Zeit ist, Halt zu machen – Wann man sich besser zurückzieht, wann man redet und wann man schweigt. Diese Dinge lassen sich nicht ein für alle Mal entscheiden. Sie ändern sich von Situation zu Situation in einem fließenden Prozess, der ein hohes Maß an Achtsamkeit und Geschicklichkeit verlangt.

Das Definieren und Anstreben von Lebenszielen ist - wie wir gesehen haben – eine essentielle Voraussetzung für ein erfülltes und sinngebendes Leben. Was dieser Sinngebung aber noch fehlt ist eine

### *Wertorientierte Lebensplanung*

Werte sind feste Vorstellungen von Eigenschaften oder Verhaltensweisen, die Menschen aufgrund ihrer Zugehörigkeit zu einer bestimmten Gruppe zugeschrieben werden. Sie werden in einer unübersichtlicheren Welt wie der heutigen als Orientierungs- und Entscheidungshilfen immer wichtiger.

Allerdings wird es aufgrund der Globalisierung und der damit verbundenen stärkeren Verflechtung der unterschiedlichen Kulturen immer schwieriger, **für alle** verbindlichen Werte anzuerkennen. Das kann man gut oder schlecht finden. Aber das will ich hier nicht diskutieren.

Jeder orientiert sich an den Werten, die für seinen Kulturkreis einen besonderen Stellenwert haben. Dies überträgt sich auch auf die individuelle

Lebensplanung. Da ist es doch eine gute Idee, einmal genauer hinzuschauen, welche Werte dem Einzelnen persönlich wichtig sind und wie sie als Leitlinie für seine Persönlichkeitsentwicklung dienen können. Denn jeder Mensch besitzt bewusst oder unbewusst Werte, die seinem Leben eine Richtung geben. Zwei dominante Faktoren bestimmen die Lebensplanung: "Selbstverwirklichung" und „Einordnung in die Gesellschaft."

**Selbstverwirklichung**

Selbstverwirklichung bedeutet in der Alltagssprache die möglichst weitgehende Realisierung der eigenen Ziele, Sehnsüchte und Wünsche mit dem übergeordneten Ziel, *das eigene Wesen völlig zur Entfaltung zu bringen* (**Oscar Wilde**), sowie - damit verbunden - die möglichst umfassende Ausschöpfung der individuell gegebenen Möglichkeiten und Talente.

Selbstverwirklichung setzt voraus, sich bewusst zu werden, wer wir wirklich sind, was wir wirklich können und was wir wirklich wollen. Erst wenn wir darüber Klarheit haben, können wir nach Wegen suchen, unsere Fähigkeiten und Talente in der Realität, in der wir leben und die uns umgibt, zu entwickeln und zu entfalten.

Der Kommunikationstrainer **Christian Stockerer** formuliert es so:

*Selbstverwirklichung ist keine Aufforderung zum ungebremsten Egoismus, sondern vielmehr die Aufgabe, seinen eigenen Wert zu erkennen, und diesen zur Bereicherung für sich und die Gemeinschaft, in die wir eingebunden sind, sinnvoll und erfüllend einzubringen. Selbstverwirklichung bedeutet, zu werden und zu sein, wer wir sind und was in uns ist.*

*Selbstverwirklichung bedeutet nicht, zu fordern und sich zu holen, was wir wollen.*

Eine an Werten orientierte Selbstverwirklichung ist eine wichtige Voraussetzung für ein zufriedenes, ausgeglichenes Leben. Ein intaktes und stimmiges Wertebild schafft im Inneren eine Struktur der Sicherheit, die sich im Äußeren deutlich positiv zeigt. Es basiert auf unserem **Selbstwert** und unserem **Selbstvertrauen.**

**Selbstwert**

Unter Selbstwert versteht man die Bewertung, die man von sich selbst hat. Dies bezieht sich sowohl auf die Charaktereigenschaften als auch auf die Fähigkeiten und Erfahrungen. Eine zu hohe Eigenbewertung führt leicht zu Überheblichkeit, was bei anderen Menschen Antipathie hervorruft. **Nathaniel Branden** nennt die folgenden Anforderungen „*Die sechs Säulen des Selbstwertgefühls*":

- **Bewusstes Leben**
- **Selbstannahme**
- **Eigenverantwortliches Leben**
- **Selbstsicheres Behaupten der eigenen Person**
- **Zielgerichtetes Leben**
- **Persönliche Integrität.**

Zum Thema Selbstwert gibt es eine Vielzahl von Missdeutungen. Selbstwert sagt zunächst einmal Ja zu sich selbst, zu seinen Gaben, Fähigkeiten, Grenzen oder Lebensumständen. Wenn ich ein gutes Selbstwertgefühl habe, kann ich meine Schwächen annehmen, ohne mich zu schämen, kann ich selbstkritisch reflektieren, ohne deprimiert zu werden und kann die Realität anerkennen, ohne mich zu bemitleiden.

Wir sehen, nur wer eine starke **Ich-Beziehung** hat, ist sich seines **Selbst-Wertes** auch bewusst. Dieser Mensch wird den Blick immer nach vorne richten, um sich noch zu verbessern. Es macht ihm nichts aus, Schwächen und Fehler zuzugeben, denn ihm ist bewusst, dass er die Fähigkeit besitzt, aus diesen Schwächen und Fehlern zu lernen – eine elementare Grundlage für eine positive Persönlichkeitsentwicklung. Der österreichische Unternehmensberater **Martin Köck** schreibt in seiner Edition II/2004:

*Der Schlüssel für den Erfolg ist folglich das Erkennen und Wahrnehmen des eigenen (Selbst)Wertes und dieser ist die Summe aller individuellen Eigenschaften und Fähigkeiten, gepaart mit der bewussten Erkenntnis derselben. Und wenn die Erkenntnis und das bewusste Wahrnehmen des eigenen Selbst erreicht werden, dann ergeben sich ungeahnte neue Fähigkeiten, die als Multiplikatoren fungieren. Dazu zählen Freiheit im Willen, Entscheidungsfreiheit, und Akzeptanz gegenüber sich selbst, sowie Mitgefühl als Verständnis für die Andersartigkeit und Individualität von Menschen. Selbstwert ermöglicht auch mehr Selbstverantwortung für sich zu übernehmen.*

### Selbstvertrauen

Viele Menschen haben ein geringes Selbstvertrauen. Sie fragen sich: Mach ich alles richtig? Was ist, wenn ich nicht alles so mache, wie es von mir erwartet wird? Wie kann ich dann bestehen? Diese Personen sehnen sich nach Zuneigung und Akzeptanz, empfinden Kritik als persönliche Zurückweisung und befinden sich in einem permanenten Konflikt zwischen **Selbstbehauptung** und **Anpassung**. Sie sind verunsichert, und geraten dabei nicht selten in eine soziale Isolation.

Oftmals wird dieser persönliche Konflikt von anderen gar nicht wahrgenommen, weil diese Menschen sich nicht in den Vordergrund drängen. Sie geben sich zurückhaltend und sachorientiert, sind verlässlich, leicht zu führen und trauen sie sich selten „Nein“ zu sagen. Teilweise genießen diese Menschen sogar ein hohes Ansehen, da sie stets versuchen, ihren vermeintlich „minderwertigen“ Charakter durch sehr gute Leistungen im Beruf bzw. sehr hohe Aufopferungsbereitschaft im privaten Umfeld zu kompensieren. Doch es gibt auch Menschen mit einem charismatischen Selbstvertrauen. Diese Menschen haben eine starke Ausstrahlung und wirken in jeder Situation souverän. Sie haben ein inneres Gleichgewicht, eine innere Harmonie, die sich sowohl in der Körperhaltung zeigt, als auch in der Sprache, Gestik und Mimik.

Deshalb wirken sie *sympathisch und glaubwürdig, kraftvoll und überzeugend. So einem Menschen fällt es leichter, Kontakte zu knüpfen, zu begeistern, zu führen, zu motivieren und wirkungsvoll zu präsentieren,* sagt der Coach **Michael Reiter** in seinem Buch: „Ihre Ausstrahlung, erkennen, entwickeln und bewusst leben“. Was unterscheidet diese Menschen von denen, die wenig Selbstvertrauen haben? Was ist ihr “Geheimnis”?

**Ganz einfach:**

Sie vertrauen ihrer inneren Stimme, und sie sind nicht bereit, die Verantwortung für ihr ihr eigenes Wohlergehen an andere Menschen zu delegieren. Deswegen ist es wichtig, auf der Basis eines „gesunden“ Selbstwertes erst einmal Selbstvertrauen zu entwickeln, um uns unserer Selbst und unserer inneren Stimme wieder bewusst zu werden. Die Grundlage dafür tragen wir in uns.

Auf dem Weg zu uns selbst können wir alles lernen, was notwendig ist, um ein freies, glückliches und selbstbewusstes Leben führen zu können. Vor allem können wir lernen, uns selbst zu vertrauen. Denn es gibt nichts, was wichtiger wäre. Aber – wir müssen diesen Weg aus eigenem Antrieb gehen. Wer darauf wartet, dass andere den ersten Schritt tun, wird sich dem Willen jener auch fügen und deren Ziele verfolgen. Er wird weder Kontrolle über sein Leben haben, noch seine eigenen Ziele verwirklichen können.

Das Gewinnen von Selbstvertrauen basiert auf Erfolgserlebnissen. Oft beschäftigen wir uns viel zu viel mit unseren Schwächen und beachten viel zu wenig unsere Stärken. Wir müssen uns viel öfter bewusst werden, was wir schon alles geschafft haben. Ob wir eine vertrauensvolle Partnerschaft führen, ob wir sportlich aktiv sind, ob wir uns durch eigene Leistung etwas erworben haben oder ob wir einfach einen guten Job machen, alles dies sind Gründe für ein gutes Selbstvertrauen, an die wir uns ruhig immer wieder erinnern dürfen.

Diese Erinnerung motiviert uns, den Blick mit Zuversicht nach vorne zu richten und unsere Gedanken in eine positive Richtung zu lenken. Je mehr positive Gedanken wir haben, an desto mehr positive Beispiele werden wir uns erinnern, die die positiven Gedanken bestätigen.

Um diesen Zustand zu erreichen, müssen wir damit beginnen, ein realistisches Selbstbild zu entwickeln und damit beginnen, uns selbst zu mögen, uns unserer Stärken bewusst zu werden und die Schwächen zu relativieren. Hierzu könnte man beispielsweise eine Liste mit seinen sämtlichen positiven Eigenschaften erstellen und sich diese bewusst vor Augen führen. Außerdem sollte man am Ende des Tages darüber nachdenken, was man bisher schon geschafft hat und lernen, es als gut anzuerkennen. Das wichtigste dabei ist zu lernen, sich selbst zu loben und das eigene Verhalten als gut zu klassifizieren. Mit jedem neuen Erfolg wächst dann das Selbstbewusstsein ein kleines Stück. Und je mehr Erfolge man erlebt und je öfter man sich diese selbst anerkennt, umso größer wird das Selbstvertrauen - Stück für Stück.

Bei Misserfolgen ist es wichtig, darauf zu achten, nicht wieder in das alte Muster zu verfallen, sondern seine Fehler zu analysieren, um sie dann nächstes Mal zu vermeiden. So werden Misserfolge nach und nach zu neuen Erfahrungen und auf lange Sicht zu Erfolgen. Das beste Mittel um sein Selbstvertrauen dauerhaft zu stärken, ist die Erinnerung an Erfolge und gute Momente, und an das Gefühl, dass man in diesen Momenten hatte und das Bild von sich selbst als Gewinner.

### *Einordnung in die Gesellschaft*

Als Bürger/in einer demokratischen Gesellschaft haben wir einen beträchtlichen Handlungsspielraum zur Selbstverwirklichung - aber wir müssen dafür auch etwas leisten. Freiheit und Selbstverwirklichung gibt es nicht zum Nulltarif, wir dürfen die Verantwortung nicht allein an den Staat und seine Organe abgeben. Damit eine Gesellschaft gut funktioniert, müssen sich alle Menschen daran beteiligen. Die Frage ist, wie das individuelle Leben gestaltet werden kann, um persönliches und gesellschaftliches Interesse richtig zu balancieren.

Selbstverwirklichung impliziert ein Mehr an Verantwortung und Unsicherheit, aber im Gegenzug eröffnet sich für jeden Menschen die einzigartige

Chance, zum unverwechselbaren Individuum zu werden. Die persönlichen Ziele, Wünsche und Bedürfnisse werden für die individuellen Lebensentwürfe der Menschen von immer größerer Bedeutung. Die Formen des gesellschaftlichen Zusammenlebens sind immer weniger Ergebnis normativer Gestaltungen, als vielmehr Resultat eigenständiger Wahlentscheidungen. Andererseits gehen mit den neuen Freiheiten offensichtlich auch neue Risiken und Herausforderungen einher.

Dass die traditionellen Werte des 20. Jahrhunderts zur Debatte stehen, erzeugt bei nicht wenigen Menschen ein erhebliches Maß an Orientierungslosigkeit, ebenso wie die Emanzipationsbewegungen auf den verschiedenen gesellschaftlichen Ebenen. In diesem Spannungsfeld entstehen neue Bedürfnisse, Werte und Einstellungen. Insbesondere im Berufsleben steigen die Anforderungen an Flexibilität und Mobilität, was die Planungssicherheit für das Individuum verringert und das Realisieren selbst gesetzter Ziele zu einem anspruchsvollen Unterfangen macht.

Dem persönlichen Interesse nach **Selbstverwirklichung** steht das gesellschaftliche Interesse nach **Selbstverantwortung** gleichberechtigt gegenüber. Jeder Mensch ist aufgerufen, einen Grad an Autonomie und Selbstbestimmung anzustreben, an dem er sein Leben eigenverantwortlich und autonom vertreten und gestalten kann.

Wer am demokratischen Gesellschaftsprozess teilhaben will, muss die Spielregeln akzeptieren und einen erkennbaren Eigenbeitrag leisten. Niemand hat das Recht, aus Eigeninteresse diese Spielregeln außer Kraft zu setzen.

Die Toleranz erfordert es, auch Dinge, die ich nicht schätze, gleichwohl als für die Gesellschaft verbindlich anzuerkennen. Es bedeutet aber auch, dass Selbstverwirklichung in eine gesellschaftlich verankerte **Verantwortungsethik** eingebunden sein muss. Sie ist ein grundlegender Baustein für eine Werte gebundene Persönlichkeitsentwicklung. Allerdings erleben wir nur allzu oft, dass Verantwortung abgeschoben wird. Denn Verantwortung zieht immer auch die Übernahme der überschaubaren Konsequenzen des Handelns nach sich. Auch das Schaffen von Klarheit in der Entscheidung und in der Zuständigkeit gehört zu verantwortlichem Handeln. Und niemals wird, wer verantwortlich handelt, sich hinter der normativen Kraft des Faktischen verstecken. Daher ist Verantwortung eng mit Moral verknüpft: nur wer verantwortungsbewusst handelt, handelt moralisch.

Auch wenn die Verantwortungsethik nicht überzogene Anforderungen an die Moral der agierenden Individuen stellt, so schafft die Selbstverwirklichung doch keinen Moral freien Raum und kann auf individuelle Moral auch nicht verzichten. Die Übernahme sittlicher Verantwortung vermindert Reibungsverluste in den menschlichen Beziehungen, fördert den Konsens gesellschaftlicher Interessen und lässt das Miteinander besser funktionieren.

Selbstverwirklichung bleibt nur solange ethisch und sozial vertretbar, wie sie sich den gesellschaftlichen Spielregeln unterwirft. Ethische Verantwortung ist keineswegs nur ein im Grunde System fremdes Anhängsel. Sie ist vielmehr ein wesentliches konstitutives Element der schon erwähnten **Eigenständigkeit**.

„Selbstverwirklichung" und „Einordnung in die Gesellschaft" stehen in einem engen, von Spannungen zwar nicht gänzlich freien, doch prinzipiell harmonischen Wechselverhältnis. Einerseits sind die eigenständigen Individuen ein unverzichtbares Kapital, das erforderlich ist, um eine menschenwürdige und sozial akzeptable Gesellschaft zu gestalten.

Andererseits gründet sich Selbstverwirklichung gerade auch auf die Akzeptanz der gesellschaftlichen Ordnung, die soziale Sicherheit, Abbau von sozialen Schranken und Verteilungsgerechtigkeit ebenso voraussetzt, wie soziale Mitverantwortung. Diese gesellschaftliche Ordnung erwartet von dem Einzelnen individuelle Tugend und Moral. In ihnen bringt sich zum Ausdruck, was in einer Gesellschaft wertgeschätzt wird. Zugleich sind sie ein Maßstab für Entscheidungen und Handeln. Sie drücken aus, welche Eigenschaften gesellschaftliche Akteure, also Personen oder Organisationen haben sollten und wonach sie mit ihrem Handeln streben sollten.

In einer Welt beschränkten Wissens und dynamischer Entwicklung können nicht alle Probleme durch staatliche Organe vorausschauend geregelt werden, sodass hier die individuelle Moral eine unverzichtbare Aufgabe zu übernehmen hat. Dies schließt auch die Rolle des „Vorbilds“ in der Gesellschaft mit ein. Aber die Moral des Einzelnen bedarf eben auch der nachhaltigen Verankerung durch die staatliche und gesellschaftliche Rahmenordnung, da sie sonst durch weniger moralische Konkurrenten ausgebeutet werden kann.

Ein Begriff wie „Mitverantwortung“ als Bindeglied zwischen Individuen und Gemeinwesen gewinnt vor diesem Hintergrund an sozialer und gesellschaftlicher Bedeutung. Grundsätzlich kann man von einer natürlich gegebenen Bereitschaft des Menschen zur Mitverantwortung ausgehen. Tatsächlich müssen alle Mitglieder der Gemeinschaft täglich ihre persönliche Verantwortung anderen gegenüber übernehmen: bei ihrer Arbeit, bei kulturellen Aktivitäten, in Vereinen oder als Konsumenten, Produzenten oder Dienstleister.

Was sich indes ändert und nachdenklich stimmen sollte, sind Art und Reichweite von gesellschaftlichem Engagement und Mitverantwortung. Was von den „Vorbildern“ nicht mehr in ausreichendem Maße vorgelebt wird, kann von Bürgerinitiativen und -bewegungen nur in deutlich geringerem Maße reproduziert werden. Dem könnte eine andere Beobachtung entsprechen: Gesellschaftliche Verantwortung setzt heute offenbar weniger auf der nationalen als auf der lokalen Ebene an.

Das Interesse am „sich einbringen in die Gesellschaft“ in der Heimatstadt und-region hält an; die Anteilnahme an nationalen Fragen dagegen scheint vielerorts zu sinken. Dies hat viel damit zu tun, dass durch die Globalisierung in allen Lebensbereichen auch die Wertesysteme ins Wanken geraten sind und die Menschen bei ihrer Identitätsbildung stärker als je zuvor auf die unmittelbar verstehbare und erlebbare Gemeinschaft angewiesen sind. Dort finden sie die Grundlage für ihre

### *Individuelle Wertorientierung*

In gesellschaftlich anerkannten Werten drücken sich die allgemein akzeptierten Vorstellungen über das aus, was der Mensch zu tun oder zu unterlassen hat. Sie dienen Einzelnen und Gruppen zur Orientierung in konkreten Lebenssituationen.

Nun gibt es eine Vielzahl von Werten, die bei der Entwicklung der eigenen Persönlichkeit eine Rolle spielen können. Man spricht in diesem Zusammenhang von „Wertepluralismus.“ Dabei werden nicht alle Werte von allen gleichermaßen anerkannt, sondern finden sowohl in der Gesellschaft als auch beim Einzelnen unterschiedliche Akzeptanz. So geben nach einer Veröffentlichung der **Z_punkt GmbH** aus dem Jahr 2007 *z. B. 90% (Ost) bzw. 91% (West) der Bundesbürger an, dass eine glückliche Partnerschaft für sie von großer Wichtigkeit sei. Gleichzeitig ist für 73% (Ost) bzw. 68 % (West) die Möglichkeit individueller Selbstverwirklichung sehr wichtig.* Und weiter heißt es: *In den frühen Industriegesellschaften wurde ein traditionelles Konsum- und Arbeitsethos mit einer Betonung materialistischer Werte wie Pflichterfüllung, Wohlstand und Ordnung gepflegt. Daneben treten heute neue Orientierungen, in der postmaterialistische Werte wie die Suche nach Selbstverwirklichung eine wichtige Rolle spielen. Unter den Deutschen z. B. ist sowohl der Wunsch nach materieller Sicherheit als auch das Bedürfnis nach Werten wie Solidarität in nahezu gleichem Maße gestiegen.*

*Werte wie Disziplin und Fleiß, die einst praktisch universelle Gültigkeit für alle Lebensbereiche beansprucht haben, verschwinden also nicht, sondern werden umgedeutet und den Bedürfnissen der Gegenwart angepasst. Aus Disziplin wird beispielsweise Selbstdisziplin, die eine wichtige Voraussetzung für die eigene Karriere- und Lebensplanung innerhalb flexibler werdender Arbeitsmärkte und Lebensformen ist. Dies wird als bewusste Wahl erlebt, ist aber auch das Ergebnis einer Übertragung von Verantwortung von der Gemeinschaft auf den Einzelnen.*

*Das Nebeneinander unterschiedlicher Wertesysteme schafft für den Einzelnen dabei Wahlfreiheiten, birgt aber auch Risiken für kulturelle Brüche. Einem religiös-konservativen Familienkontext entstammende Wertvorstellungen stehen z. B. dem Wunsch nach individueller Lebensplanung gegenüber. Unterschiedliche Wertesysteme werden dabei individu-*

*ell, aber keinesfalls beliebig kombiniert. Die Wahl erfolgt vielmehr abhängig von individuellen Ressourcen wie Bildung und von äußeren Rahmenbedingungen wie Arbeitsmarktzugang oder sozialer Lage.*

Neben diesem **Wertepluralismus** ist auch deutlich ein **Wertewandel** festzustellen, der in der Gesellschaft sehr unterschiedlich wahrgenommen und beurteilt wird.

*Was die einen mit Begriffen wie Selbstentfaltung, Autonomie und Gleichberechtigung beschreiben, qualifizieren die anderen als Werteverfall oder –verlust,* so die **Bundeszentrale für politische Bildung** am 13.07.2001.

Der deutsche Unternehmer **Werner Then** kommentierte diese Entwicklung bereits im Jahr 1990 sinngemäß folgendermaßen:

*So kommen neue Werthaltungen zum Vorschein, die die Tugenden alttestamentarischer Ethik wie Disziplin, Gehorsam, Leistung, Pflicht, Unterordnung, die bisher das Wertesystem prägten, ablösen. Disziplin, Ordnung und Normengehorsam waren als traditionelle Strukturziele bisher Bedingung, um ein struktur-konservatives Werteverhalten zu stabilisieren. Jetzt treten eher Selbstentfaltungs- und prozessorientierte Werte wie zum Beispiel Emanzipation, Partizipation, Autonomie, Kreativität, Selbständigkeit im Denken und Handeln sowie Persönlichkeitsentfaltung in den Vordergrund. Gerade Selbständigkeit und Kreativität sind als prozessorientierte Werte in Zukunft unabdingbar, um die ständige Anpassung und Kontinuität der gesellschaftlichen Ordnung zu sichern.*

Diese Forderung nach mehr Selbstverantwortung und Eigenständigkeit bringt aber auch Unsicherheiten und Gefahren, die zum Nach-und Umdenken anregen. Aus dem Wandel in Richtung Individualismus scheinen neue Bedürfnisse zu entstehen, aber auch ein neues Gefühl von Verantwortung.

Begriffe wie Solidarität und Teilhabe erhalten eine neue Bedeutung. Wenn von der Gesellschaft keine klare Orientierung mehr vorgegeben wird, muss der einzelne Mensch sie sich halt selbst suchen. Es zeigt sich also: Das Verständnis von individueller Wertorientierung ändert sich.

Es ist wohl festzustellen, dass gesellschaftlich verbindliche Normen und Werte eher zurückgedrängt werden zugunsten der individuellen Wertentscheidung. Der Stellenwert der individuellen Wertorientierung wächst insbesondere in Anbetracht der Komplexität unserer modernen Lebenswirklichkeit. Denn diese ist geprägt von Vielfalt, Unvorhersehbarkeit, Wandel, Bewegung, Vernetzung und Wechselwirkungen in immer neuen Konstellationen.

Vieles ist heute – oft auf undurchschaubare Weise – miteinander verknüpft. Gerade weil sie so selten zu finden sind, stehen Aspekte wie Authentizität und Berechenbarkeit hoch im Kurs. Konstanten und feste Größen, die Halt und Orientierung geben sind rar und deshalb kostbar geworden – und hierbei geht es nicht nur um abstrakte Zusammenhänge, sondern in hohem Maße um zwischenmenschliche Beziehungen.

Die Menschen schaffen sich zur Entwicklung ihrer Persönlichkeit ein eigenes Wertesystem, mit dem sie sich identifizieren können. Grundsätzlich können wir drei Ausrichtungen  unterscheiden, die die individuelle Werteorientierung bestimmen:

**Traditionell**: Der Mensch handelt rational und vernünftig

**Modern:** Der Mensch strebt nach Selbstverwirklichung

**Personalistisch:** Der Mensch handelt selbstbestimmt

**Die traditionelle Wertorientierung**

Normalerweise gehen wir davon aus, dass der Mensch immer rational und vernünftig handelt. Rational und vernünftig - wohlgemerkt in seiner eigenen Logik. Wenn ein Mensch rational über ein Problem nachdenkt, Vor- und Nachteile seines Handelns abwägt oder seine Zukunft plant, dann benutzt er dafür seine Kenntnisse und Fähigkeiten, seine Erfahrungen und seine Ziele. Dieser Mensch versucht, nüchtern und ohne emotionale Beeinflussung, Aufwand und Ertrag möglicher Entscheidungen zu durchdenken, und abzuwägen, wo, unter Berücksichtigung aller für ihn relevanten Aspekte, der größtmögliche Nutzen für ihn persönlich zu erreichen ist. Was verlangt das rationale und vernünftige Handeln? Mindestens dreierlei:

- die systematische Aufstellung aller Handlungsmöglichkeiten
- die Berücksichtigung aller Umweltbedingungen und -einflüsse
- die systematische Analyse sämtlicher Folgen der möglichen Handlungen.

Rationales Handeln ist immer bewusstes Handeln. Es unterliegt ausschließlich Zweckgesichtspunkten und erhebt keinen Anspruch auf moral- ethisches Verhalten. Dies sagt aber nicht aus, dass nicht auch der Gesichtspunkt der Fürsorge zum Zuge kommen kann – allerdings nur, wenn er als Zielerreichung bei der Handlung eine Rolle spielt.

Aber gibt es nicht vielleicht doch einen Zusammenhang zwischen Rationalität und Moral? Was kann man überhaupt unter Rationalität verstehen und ist Moral rational? **Immanuel Kant** zufolge bedeutet moralisch zu handeln, so zu handeln, wie es die Vernunft gebietet und zwar *weil* es die Vernunft gebietet.

Wenn wir von **Moral** sprechen, meinen wir in aller Regel das Denken oder Handeln, das sich aus „moralischen" Prinzipien ableitet, die fast jeder Mensch hat und die als „Common Sense" in einer Gesellschaft akzeptiert sind. Diese Prinzipien beinhalten selbstverständliche Handlungsvoraussetzungen, die sich aus den Erfahrungen oder dem moralischem Selbstverständnis ableiten, das einem Menschen intuitiv innewohnt. Es ist  all das, was ein Mensch ohne Reflexion intuitiv als moralisch richtig empfindet.

Unter **Rationalität** verstehen wir das Denken oder Handeln mit Fokussierung auf den Eigennutz. Rationalität reflektiert die moralischen Handlungsprinzipien und bewertet sie im Hinblick auf den angestrebten Erfolg. Sind diese Prinzipien mit der Zielsetzung kompatibel, werden sie akzeptiert, wenn nicht, werden sie verworfen. Es läuft also durchaus ein „Abstimmungsprozess" zwischen moralischer Intuition und kritischem Denken. Wir können von einer „Moralität rationalen Denkens" sprechen. Es fußt darauf, dass es ein Denksystem gibt, das zu entscheiden erlaubt, welches moralische Prinzip es anzunehmen gilt und welches nicht.

Die Frage ist also: **Ist es moralisch, rational zu handeln?** Die traditionelle Wertorientierung sagt eindeutig ja, weil es im besten Interesse aller ist, dem Interesse aller Individuen entspricht. Die Einschränkungen des eigenen Handelns, welche ich infolge moralischer Prinzipien in Kauf nehmen muss, „rechnet“ sich, weil ich dafür eine gewisse gesellschaftliche Anerkennung bekomme.

Andererseits kann ich, wenn ich so handle, darauf bauen, dass alle anderen auch so handeln werden: dass auch sie ihre eigennützigen Interessen realisieren, unter Berücksichtigung des gesellschaftlichen „Common Sense“. Wir sollen vernünftig handeln (bzw. sein), weil es unserer Natur gemäß ist, sofern wir Vernunft fähige Wesen sind. Es liegt in unserer Natur, egoistischen Interessen nachzugehen, dabei aber auch in der Lage zu sein, einen moralischen Standpunkt einzunehmen.

**Die moderne Wertorientierung**

Die moderne Wertorientierung tritt für Selbstverwirklichung und individuelle Freiheit der Lebensgestaltung ein. Sie fordert den Freiraum der Bürger zur Entfaltung ihrer Individualität und verteidigt ihre Persönlichkeitsrechte, denn der Mensch sei zur Freiheit und Selbstverwirklichung bestimmt. Moderne Wertorientierung bedeutet aber nicht, dass der Mensch über sich und das eigene Leben immer und überall und ohne Einschränkungen allein bestimmen kann. Er lebt in der Spannung zwischen Selbstverwirklichung und Solidarität. Es gehört zu seiner Verantwortung, dass er seine Freiheit nicht auf Kosten anderer auslebt, seine Interessen mit dem Gemeinwohl in Übereinstimmung bringt, sich seinen Mitmenschen verpflichtet weiß und solidarisch handelt. Er sieht sich selbst als mitverantwortlicher Bürger, und nicht als  verantwortungsloser Individualist.

*Souverän ist nicht der Mensch, der immer und überall vollkommen frei über sich bestimmt, sondern der, der relative Klarheit darüber gewinnt, wo Selbstverwirklichung möglich ist und wo nicht. Souverän ist er, wenn er das Eine vom Anderen unterscheiden kann und sich auch einordnet, statt immer nur selbst bestimmen zu wollen,* sagt **Wilhelm Schmidt**, freier Philosoph in Berlin sinngemäß im Tagesspiegel am 18. 03. 2012.

Aber was bedeutet „Selbstverwirklichung" eigentlich? Der irische Schriftsteller **Oscar Wilde** formulierte es einmal so – *das eigene Wesen völlig zur Entfaltung zu bringen.* Es ist das, was für jeden einzelnen am wichtigsten ist und was ihn wirklich erfüllt. Es ist der Sinn des Lebens und der ist für jeden vollkommen anders.

Selbstverwirklichung heißt aber auch, dass man die Dinge, die man sich vorgenommen hat, tatsächlich umsetzt. Es geht also um das „Ich", das sich durch Selbstverwirklichung voll entfalten kann durch die Ausnutzung der jeweils gegebenen individuellen Möglichkeiten und Fähigkeiten. Aber diese eigene Verwirklichung ist nicht alles, dafür ist der Mensch zu sehr ein soziales und gesellschaftliches Wesen.

Naturgemäß interagiert ein Lebewesen immer mit seiner Umwelt und wird durch diese eingeschränkt - man hat nie völlige Handlungsfreiheit. Hier hindert einen das Gruppenverhalten, dort hindert einen eine Vorschrift - hier reichen die eigenen Fähigkeiten nicht aus, dort sind die Chancen sehr gering.

Die große Kunst ist es, die richtige Balance zwischen der Entfaltung der eigenen Persönlichkeit und der Interaktion mit dem gesellschaftlichen Umfeld zu finden bzw. regelmäßig neu auszurichten. Beides führt zu einer gelungenen Selbstverwirklichung, weil der Mensch nicht für einen egoistischen Alleingang geschaffen ist - niemand würde sein Leben ohne Mitmenschen verbringen können. Deshalb ist Selbstverwirklichung weit entfernt vom Egoismus, der das eigene Ich in den Mittelpunkt stellt und das Wohl und Wehe anderer Menschen völlig außer Acht lässt.

Selbstverwirklichung ist etwas sehr Gesellschaftliches. Sie ist nur „sinnvoll“ zu leben, wenn man die Anderen, die Umwelt, die Gesellschaft mit einbezieht. Ohne diese Einbeziehung verkümmert Selbstverwirklichung tatsächlich zum Egoismus.

Sich selbst verwirklichen, sein eigenes Wesen zur vollen Entfaltung bringen, ist nur möglich, wenn man das Wesen des Anderen mit berücksichtigt. Wahre Selbstverwirklichung ist also nur möglich, wenn man anderen gibt, was man selbst von ihnen erwartet. Insofern ist die Selbstentfaltung des Einzelnen die unmittelbare Bedingung für die Entfaltung aller – und umgekehrt.

Viele verwechseln Selbstverwirklichung mit Selbsterhöhung oder Egomanie. Prinzipiell ist es eine gute Sache, sich seiner Selbst bewusst zu sein und das, was in uns schlummert, nach und nach zum Leben zu erwecken. Dabei sollte aber auch das Umfeld (das ja – wie wir bereits gesehen haben – zu unserem Selbst beiträgt) eine wichtige Rolle spielen. Selbstverwirklichung auf Kosten aller anderen hat den Namen nicht verdient.

Selbstverwirklichung als leitende Wertorientierung bleibt zunächst einmal sehr abstrakt. Tatsächlich macht es wohl Sinn, den Begriff der „Selbstverwirklichung“ weniger als allgemeines gesellschaftliches Leitprinzip zu sehen, sondern eher als Korrektur einiger heute herrschender Vorurteile – insbesondere der Vorurteile, dass das eigene Wohl zwangsläufig gegen das Wohl der anderen gerichtet ist, oder dass sich individuelle Interessen mit dem Interesse der Allgemeinheit beißen müssen.

Das oben dargestellte Prinzip der Selbstverwirklichung weist darauf hin, dass diese Einschätzungen zu kurzsichtig sind und dass oft das Gegenteil gilt. Dem Vorwurf, dass das Prinzip zu abstrakt bleibt und der Vielfalt des Lebens nicht immer gerecht wird, ist damit natürlich noch nicht hinreichend begegnet.

Es dürfte wirklich zu kurz greifen, Selbstverwirklichung als einzige oder primäre Grundlage einer gesellschaftlichen Werteorientierung aufzufassen, wie dies etwa der Begriff der „Selbstentfaltungsgesellschaft“ nahelegt. Die Verwirklichung unseres Selbst bleibt aber nach der modernen Wertorientierung eine der wichtigsten Aufgaben in unserem Leben. Denn wir leben in einer Zeit, in der Werte und Traditionen nach und nach aufgegeben werden. Gesellschaftsstrukturen und Autoritäten gelten kaum noch etwas. Politische und industrielle Revolutionen verändern die Welt.

Der Fortschritt von Wissenschaft und Technik hat dem Menschen mehr Freizeit und unzählige Gestaltungsmöglichkeiten gegeben. Mittlerweile steht uns durch das Internet buchstäblich die ganze Welt offen. Wir haben heute mehr Freiheiten als jede Generation vor uns. Sind wir aber deswegen heute autonomer, als die Menschen in den engen Gesellschaftsstrukturen früherer Jahrhunderte? Offensichtlich nicht. Denn eigenverantwortlich leben **dürfen,** bedeutet auch eigenverantwortlich leben **müssen**. Und das ist etwas, das viele Menschen in Bedrängnis bringt. Selbstverwirklichung kann also nur für solche Menschen eine sinnvolle Wertorientierung sein, die auch in der Lage sind, mit einem hohen Maß an Autonomie und Eigenverantwortung ihr Leben zu gestalten.

**Die personalistische Wertorientierung**

Der Kern der personalistischen Wertorientierung ist die Überzeugung, dass jeder Mensch unterschiedliche Bedürfnisse hat und diese in freier Entscheidung eigenverantwortlich realisieren kann. Dadurch, dass der

Mensch von dieser Freiheit und Verantwortung Gebrauch macht, bestimmt er sich selbst als Person. Er allein ist dafür verantwortlich, dass es ihm gut geht, dass er seine Ziele und Wünsche erreicht und dass er ein Leben nach seinen Vorstellungen führen kann. Er macht sein Wohlbefinden nicht abhängig von anderen Menschen, von den Umständen oder vom Schicksal – Er ist und handelt selbstbestimmt.

Doch wo beginnt Selbstbestimmung und wo endet sie? Darf es Selbstbestimmung um jeden Preis geben? - Selbstbestimmung bedeutet, nach freiem Willen über sein Leben entscheiden zu können. Der Dipl.Ing. **Jürgen Rohrer** schreibt in seinem Buch: „1 x 1 des Bewusst-Seins: Persönliche Entwicklung als Lebenssinn“ aus dem Jahr 2001 sinngemäß:

*Selbstbestimmung führt zwingend auch zur Selbstverantwortung, denn wenn ich frei entscheiden kann, was ich tue oder nicht tue, dann bin ich logischerweise auch für die Folgen von diesen Entscheidungen selbst verantwortlich. Selbstbestimmung setzt voraus, dass wir uns über unsere eigenen Ziele im Klaren sind. Wir müssen wissen, was wir wollen bzw. was wir nicht wollen. Um ein wirklich selbst bestimmtes Leben führen zu können, kommt man früher oder später nicht darum herum, seine persönliche Lebensziele und Lebensvorstellungen herauszufinden. Wenn man sich über die konkreten Zielsetzungen seines Lebens klar geworden ist, kann man bewusst seine Eigenständigkeit und seine Bedürfnisbefriedigung ausleben. Denn wenn wir Klarheit haben, was wir wollen, ist es viel schwieriger uns zu manipulieren - selbst wenn dazu noch so raffinierte Methoden der Verführung eingesetzt werden.*

Allerdings ist Selbstbestimmung nicht absolut, sondern immer relativ. Dies liegt schon allein daran, dass aufgrund der unterschiedlichen Persönlichkeitsmerkmale die Entscheidungs- und Handlungsspielräume bei jedem Menschen variieren. Darüber hinaus ist der Grad der Selbstbestimmung abhängig von dem gesellschaftlichen, sozialen und politischen Umfeld, in dem sich die jeweilige Person befindet.

Letztendlich wird der Grad der Selbstbestimmung aber auch vom intellektuellen Entwicklungsstand eines Menschen, von dessen Erfahrungen und Wissen und von den Informationen, die ihm zugänglich sind, bestimmt. Anders gesagt: Selbstbestimmung ist kein Zustand, sondern ein Prozess, der auf Erfahrungen beruht, die eng verbunden sind mit den Bedingungen und Bedürfnissen der handelnden Person. Selbstbestimmung beruht auf folgenden drei **Leitlinien**:

1. **Es ist nicht entscheidend, was man gerne hätte, sondern was machbar ist.**

2. **Jede Entscheidung führt zur Übernahme von Verantwortung.**

3. **Nicht Abwarten, sondern Eigeninitiative führt zum Erfolg.**

Selbstbestimmung muss man wirklich wollen. Sie fordert:

- **Realitätssinn**
- **Verantwortungsbewusstsein**
- **Eigeninitiative**
- **Pragmatismus**

Grundlage für selbstbestimmtes Handeln ist ein ausgeprägtes Ich-Bewusstsein. Selbstbestimmung braucht Individualität – authentisch und selbstbewusst. Es braucht Menschen, die sich für den eigenen Weg begeistern können und eigenverantwortlich auf das Erreichen ihrer Ziele hinarbeiten. Menschen, die bereit sind, das eigene Potenzial voll auszuschöpfen, die eigenen Grenzen zu erweitern und eingefahrene Verhaltensmuster zu verändern.

Selbstbestimmt zu sein bedeutet aber auch, anzuerkennen, dass jeder Mensch das gleiche Recht auf Selbstbestimmung hat. Erst dadurch wird überhaupt eine Kooperation möglich, in der jeder selbstbestimmt bleiben kann. Den anderen anzuerkennen bedeutet, dass dieser auch sein Leben auf seine eigene Art gestaltet, die sich möglicherweise von der eigenen diametral unterscheidet.

Solidarität, Respekt und Toleranz stärken den Zusammenhalt in unserer Gesellschaft und schaffen erst die Voraussetzungen für Selbstbestimmung und gleichberechtigte Teilhabe, die allen Menschen gleichermaßen zusteht. Notwendig sind ein gleichberechtigter Zugang zu allen Bildungsmöglichkeiten, insbesondere zum institutionellen Bildungs- und zum Berufssystem sowie gleichberechtigte Möglichkeiten der Gestaltung der Bildungs- und Berufsbiographien. Dies zu akzeptieren, bildet die Basis für Gemeinsamkeit und für Zusammenarbeit.

***Entwicklung der Kompetenzen***

Die heutige moderne Gesellschaft ist dynamisch. Veränderungen in und Neubildungen von Lebensbereichen, Übergänge von Lebensabschnitten und Anpassungen an neue Begebenheiten sind alltägliche Prozesse. Es gibt immer wieder Ereignisse, die dem eigenen Leben eine neue Richtung geben:

- Reagieren wir **ängstlich**, geben wir unserem Leben einen Impuls in Richtung **Flucht**.

- Reagieren wir **ärgerlich**, geben wir unserem Leben ein Impuls in Richtung **Angriff.**

- Reagieren wir **interessiert** und herausgefordert, so geben wir unserem Leben einen Impuls in Richtung **Entwicklung.**

Diese Wendepunkte sind Risiko und Chance zugleich. Sie können uns – vorübergehend – scheitern lassen, sie können uns aber auch zu neuen Begegnungen und neuen Impulsen führen. Unser Alltag verlangt fortwährende Anpassung an neue Gegebenheiten. Dauernd muss man etwas hinzulernen und hinzufügen oder weglassen und umformen, damit das Leben weiterhin in geordneten Bahnen verlaufen kann. Und so entwickeln wir Menschen Kompetenzen, die uns Stabilität und Sicherheit geben. Was wir dazu benötigen, ist die richtige Einschätzung unserer Willenskraft, unserer Kenntnisse und unserer Fähigkeiten. Nur die Kenntnis des eigenen Potenzials bringt uns dazu, mit Zuversicht und Realitätssinn, aber auch mit ethischer Verantwortung die selbst gesetzten Ziele zu erreichen.

Die Kenntnis der eigenen Persönlichkeit ist eine entscheidende Voraussetzung für eine bewusste Erfolgsstrategie. Mit dem Wissen über die eigenen Potenziale können wir unsere Stärken weiter ausbauen und gezielt für **persönlichen Erfolg** und **Lebensqualität** einsetzen. Diese Zielorientierung gibt dem Tun einen Sinn und ist gleichzeitig die Leitplanke für ein Werte gebundenes Handeln. Dabei werden Erfolg und Lebensqualität von jedem Menschen anders empfunden und somit sehr unterschiedlich bewertet.

Was für den einen Erfolg darstellt und ihn zufrieden werden lässt, wird von einem anderen als unbedeutend oder für ihn persönlich nicht relevant empfunden. Ich habe das im Kapitel „Individuelle Wertorientierung" ausführlich dargestellt. Letztlich wird Erfolg und Lebensqualität bestimmt durch die Art und Weise, wie wir mit unserem Leben umgehen, und für was und wie wir unsere Lebenszeit einsetzen, also wie wir zu **Anerkennung, Zufriedenheit und Geborgenheit** gelangen.

Dazu benötigen wir eine Vielzahl von Kompetenzen. Die wichtigsten sind:

- **Befähigung zur Problemlösung**
- **Kommunikationsfähigkeit**
- **Konstruktiv kritische Lösungsorientierung.**

Kompetenzen entstehen nicht einfach so, sie müssen erworben werden. Sie umfassen emotionale, motivationale und soziale Aspekte, Werthaltungen und Verhaltensdispositionen. Sie werden verstanden als die *Fähigkeit des Einzelnen, sich in beruflichen, gesellschaftlichen und privaten Situationen sachgerecht, durchdacht sowie individuell und sozial verantwortlich zu verhalten* (**Kultusministerkonferenz** 5. Februar 1999).

Individuelle Kompetenz umfasst also zusammenwirkende Faktoren wie Wissen, Fähigkeit, Verstehen, Können, Handeln, Erfahrung und Motivation. Sie wird verstanden als Disposition, die einen Menschen befähigt, konkrete Lebenssituationen und Anforderungen zu bewältigen. Die Qualität der Kompetenz ist sichtbar in der Art des Verhaltens bzw. der Qualität der erbrachten Leistung. Voneinander abzugrenzen sind die häufig synonym verwendeten Begriffe „Kompetenz" und „Qualifikation":

*Während „Kompetenz" individuelle Fähigkeiten und Fertigkeiten beschreibt, drückt der Begriff „Qualifikation" eine konkrete, Personen unabhängige Befähigung bzw. Eignung aus, eine Tätigkeit regelmäßig auf einem bestimmten Niveau ausführen zu können. Unter Qualifikation wird häufig auch der Nachweis dieser Befähigung verstanden (z. B. Führerschein) und damit die Berechtigung zu einem bestimmten Tun. Kompetenzen sind insofern Voraussetzung für den Erwerb von Qualifikationen* (**Staatsinstitut für Schulqualität und Bildungsforschung** München).

***Befähigung zur Problemlösung***

Laut einer Definition von „Wikipedia" versteht man unter Problemlösung *die Überführung eines Ist-Zustandes gegen Widerstände in einen Sollzustand durch intelligentes Handeln, meist durch bewusste Denkprozesse*. Problemlösen besteht aus drei Schritten:

1. **Erfassen des Ist-Zustandes bzw. des Problems**
2. **Anwenden des Lösungsverfahrens**
3. **Erreichen des/eines gewünschten Soll-Zustandes.**

Oft lösen wir unsere Probleme, ohne darüber nachzudenken und dies in relativ kurzer Zeit. Ab und an jedoch können oder wollen wir Probleme nicht sofort selbst lösen. Doch ungelöste Probleme bringen zwei wesentliche Gefahren mit sich:

- **Manche Probleme sehen zunächst harmlos aus, sind aber Vorboten von Katastrophen.**
- **Andere Probleme neigen dazu zu wachsen, wenn man sie nur lange genug in Ruhe lässt.**

Eine wichtige Voraussetzung für die Problemlösung ist zunächst einmal die Fähigkeit, das Problem richtig einzuschätzen, d.h. sich eine Vorstellung von den Auswirkungen des Problems zu machen und danach aus verschiedenen Lösungsoptionen eine erfolgversprechende Handlung auszuwählen und durchzuführen. Nur wenn wir unser tatsächliches Problem identifizieren, werden wir überhaupt erst Lösungen für dieses Problem finden können. Das heißt, wir müssen die richtigen Fragen stellen:

- **Was ist passiert und kann sich das wiederholen?**
- **Ist dieses Problem schon früher einmal aufgetaucht?**
- **Wer ist unmittelbar betroffen?**
- **Wodurch wurde das Problem verursacht?**
- **Gibt es eine oder mehrere Ursachen?**

Die Fähigkeit zur Problemlösung hat also zwei wichtige Voraussetzungen:

1. **Man muss eine hinreichende Vorstellung von dem Problem haben.**
2. **Man muss ein konkretes Ziel haben, auf das hin die Lösung ausgerichtet ist.**

Je besser wir ein Problem kennen, desto leichter wird es uns fallen, es zu lösen. Oft kommt es vor, dass wir zwar merken, dass wir ein Problem haben, aber wir wissen nicht genau, worin unser Problem tatsächlich besteht. Wir sehen an verschiedenen Punkten die Auswirkungen des Problems – z.B. in Form von Symptomen, wie einem schlechten Gefühl, mangelnder Qualität, Fehlern oder Konflikten – aber die Wurzel des Problems können wir nicht fassen. Aber genau dort müssen wir ansetzen, wenn wir ein Problem dauerhaft beseitigen wollen.

Doch dazu müssen wir erst einmal die Wurzel finden. Und dies ist nicht immer ganz einfach. Oftmals ist der sichtbare Konflikt nur die Oberfläche. Darunter verbergen sich in der Regel Ursachen, die wir auf den ersten Blick nicht sehen. Ein Beispiel:

1. **Problem:** Ich habe hohen Blutdruck
2. **Ursache:** Ich bewege mich zu wenig
3. **Ursache dahinter:** Ich habe schnell Fußschmerzen, usw.

Das Herausfinden der eigentlichen Ursache ist im Grunde der wichtigste Teil der Problemlösung. Hier stellen wir die Weichen für den gesamten Problemlösungsprozess.

Problemlösung beginnt mit dem Erkennen der Ursachen, dem Anerkennen der Realität und damit dem Ablegen jeglichen Wunschdenkens, aber ebenso dem Ablegen übertriebener Furcht oder Skepsis. Wenn etwas zu 50% wahrscheinlich ist, dann ist die Vorstellung, das könne sicher nicht schief gehen ebenso fehl am Platze, wie die Furcht, es müsse schief gehen.

Wichtig ist, zu verstehen, dass Probleme nicht größer oder kleiner werden, wenn wir sie als Realität anerkennen - ganz im Gegenteil. Neben dem Mut, sich dem Problem zu stellen, ist ein weiterer wichtiger Aspekt der Problemlösung die Aufmerksamkeit gegenüber der eigenen Lebenseinstellung. Zum Beispiel neigen wir dazu, eine Sache als lösbar zu anzusehen, wenn wir die Lösung mit unserer individuellen Wert-und Verhaltensorientierung in Einklang bringen können. Das heißt, wir müssen uns fragen:

- Was konkret will ich verändern?
- Wie kann ich die Veränderung nachhaltig gestalten?
- Wie verhindere ich einen Rückfall in die alte Problemsituation?

**Es kommt nicht darauf an, was mir widerfährt, sondern was ich daraus mache!** (frei nach **Aldous Huxley**).

In dem Augenblick, wo ich ein Problem nicht mehr als Belastung, sondern als Herausforderung sehe, bin ich überzeugt, dass ich eine Lösung finde. Diese Lebenseinstellung ist kein Wesenszug, den man hat oder nicht hat. Sie ist vielmehr eine Haltung, die sich im Laufe eines Lebens entwickelt und die man erlernen kann. Sie zeichnet die Menschen aus, die auch unter schwierigsten Bedingungen immer wieder auf die Beine kommen. Es kommt darauf an, zum Akteur und nicht zum Reakteur zu werden, mit den Mitteln, die man selber zur Verfügung hat.

### *Kommunikationsfähigkeit*

### Grundsätze der Kommunikation

**Man kann nicht *nicht* kommunizieren.** Dieses Grundgesetz der Kommunikation erinnert uns daran, dass jedes Verhalten Mitteilungscharakter hat. Man muss nicht unbedingt reden, um zu kommunizieren. Durch Schweigen, Blicke, Bewegungen kann ich genauso ein Signal aussenden, wie durch das Sprechen.

Jedes in einem zwischenmenschlichen Kontext gezeigte Verhalten hat einen Mitteilungscharakter. Allerdings vollzieht sich der weitaus größte

Teil der zwischenmenschlichen Kommunikation im Gespräch. Dabei reagieren Menschen oftmals weniger auf das, **was** gesagt wird, als vielmehr darauf, **wie** es gesagt wird. Wortwahl, Mimik und Gestik beeinflussen unsere Kommunikation in erheblichem Ausmaß.

Unbewusste Signale des Körpers geben mehr Wahrheit preis als Worte - Körpersignale sind ehrlicher. Sie sagen etwas über die Empfindungen, über das Befinden, über die Absichten des anderen. Sie zeigen, ob die Situation entspannt ist oder ob Verstimmungen bestehen oder sich ankündigen.

Oft trauen wir unbewusst diesen Signalen mehr als den Worten. Daher ist es besonders wichtig, sich dieser äußeren Signale bewusst zu sein und sie in der Kommunikation zu berücksichtigen. Wir wirken nur dann überzeugend, wenn unsere verbalen mit unseren nonverbalen Botschaften übereinstimmen. Jede Kommunikation enthält über die reine Sachinformation hinaus einen Hinweis, wie der Sender seine Botschaft verstanden haben will, und wie er seine Beziehung zum Empfänger sieht. Die Art der Beziehung zwischen zwei Kommunikationspartnern ist für das gegenseitige Verständnis von grundlegender Bedeutung.

Kommunikation gelingt, wenn auf beiden Ebenen und bei beiden Kommunikationspartnern Einigkeit über den Inhalt und den Sinn des Gespräches herrscht. Sie misslingt, wenn ein Kommunikationspartner unterschiedliche oder gegensätzliche Botschaften sendet, oder wenn der andere Kommunikationspartner einen der beiden Aspekte anders interpretiert.

Welche Vorstellungen ein Gegenüber in sich trägt, was es denkt, fühlt und welche Absichten es hegt, ist für andere nicht wahrnehmbar. Vor diesem Hintergrund ist es besonders wichtig, darauf hin zu weisen, dass es bei jedweder Form von Kommunikation nicht um Wahrheit, Recht oder Richtigkeit geht, sondern immer um subjektive Wahrnehmungen und Deutungen. In einer Online-Veröffentlichung des schweizerischen Verlags **Hirschi und Toxler** aus dem Jahr 2010 heißt es dazu:

*In der Kommunikation gibt es keine objektiven Wahrheiten. Wir tauschen immer nur unsere Vorstellungen von Dingen aus. Jeder Mensch hat auf Grund seiner Erziehung, seiner Erfahrungen, seines kulturellen und sozialen Umfeldes eine eigene Vorstellungswelt, welche er an die durch die Sprache gegebenen Begriffe koppelt. Darum ist Kommunikation nichts anders als der Austausch von subjektiven Vorstellungen.*

*Wir Menschen neigen dazu, die Vorstellungen, die wir uns angeeignet haben, als "Wahrheiten" zu betrachten, weil sie subjektiv für uns wahr sind. Dieses Festhalten an einmal gewonnenen Vorstellungen und die Unfähigkeit, diese Vorstellungen neuen Gegebenheiten anzupassen, kennen wir unter dem Begriff "Vorurteil". Jeder Mensch ist voll von "Vorurteilen", auf die er sich in seinem kommunikativen Verhalten abstützt. Dass wir von unseren positiven und negativen Vorstellungen und Gefühlen geleitet werden, ist natürlich und daher weder gut noch böse. Sinnvoll wäre es jedoch, seine eigenen "Vorurteile" zu kennen. Es wäre der erste Schritt, sie durch "bessere" Vorstellungen zu ersetzen.*

**Kommunikationskompetenz**

Unter Kommunikationskompetenz versteht man die Fähigkeit konstruktiv, effektiv und bewusst zu kommunizieren. Sie umfasst die sprachlichen Fähigkeiten, das aktive Zuhören, das Rollenverhalten sowie die Methoden der Gesprächsführung. Kommunikationsfähigkeit bedeutet, dass man sich verständlich und für den Gesprächsteilnehmer nachvollziehbar ausdrücken kann. Sie setzt die Bereitschaft voraus, sich auf der Basis eigener Kenntnisse und Überzeugungen mit anderen auszutauschen, um entweder Informationen weiterzugeben oder Klärungen herbeizuführen.

Kommunikationskompetenz zeichnet einen Menschen vor allem dadurch aus, dass er sich er sich auf sein Gegenüber einlässt, ihm seine ganze Aufmerksamkeit schenkt und dies auch durch seine Körpersprache zum Ausdruck bringt. Er hört zu, lässt den anderen ausreden, fragt nach bei Unklarheiten und hält sich mit seiner eigenen Meinung zunächst zurück. Er versucht, im Gespräch die Gefühle und Befindlichkeiten seines Gegenübers zu erkennen und findet den richtigen Zeitpunkt diese anzusprechen. Er lässt sich auch durch Vorwürfe oder Kritik nicht aus der Ruhe bringen, sondern legt offen und gradlinig seine eigenen Positionen und Überzeugungen dar.

Dieses Kommunikationsverhalten lässt den Gesprächspartner spüren, dass ihm das Recht auf eine ganz eigene Sicht der Dinge zusteht. Und wer solchermaßen wertschätzend zuhört und das Gesagte aufnimmt, kann auch die Sichtweise seines Gegenübers vorübergehend einnehmen. Der Effekt ist: Dieser fühlt sich verstanden und ernst genommen – es geht ihm gut! Er ist bereit, das Gespräch fortzuführen, sich zu öffnen und  ehrlich und angstfrei seine Argumente darzulegen.

Wir müssen allerdings darauf achten, dass unser Kommunikationsverhalten wirklich authentisch ist. Jeder Mensch hat charakterliche Eigenschaften, die nicht einfach ausgeblendet oder überspielt werden können. Eine solche Art der Selbstbeherrschung würde künstlich wirken und bei unserem Gesprächspartner negativ auffallen. Wir können also durch unser eigenes Verhalten positiven Einfluss auf unserer Gesprächspartner und den Gesprächsverlauf nehmen, indem wir:

- ➔ **Darauf achten, dass das Gespräch auf freiwilliger Basis stattfindet**
- ➔ **Uns vollständig, angemessen und konkret aus drücken**
- ➔ **Sachverhalte oder Probleme direkt und offen an sprechen**
- ➔ **Argumente nicht vorschnell bewerten oder interpretieren**
- ➔ **Verbales und nonverbales Verhalten in Übereinstimmung bringen.**

Gelingende und qualitativ hochwertige Kommunikation ist ungezwungen, annehmend, aufrichtig und vor allem wertschätzend.

***Konstruktiv-kritische Lösungsorientierung***

Es gibt kein Miteinander ohne unterschiedliche Einstellungen und Meinungen – und das ist auch gut so. Stellen wir uns einmal vor, es wären sich alle zu jedem Thema immer einig. Ganz abgesehen davon, dass es – im Privaten wie im Beruflichen – so wahrscheinlich zum absoluten Stillstand in jeder Entwicklung käme, es würde auch noch jegliches Salz in der Suppe fehlen.

Anderer Meinung zu sein heißt, die Dinge aus einem anderen Blickwinkel zu betrachten. Es handelt sich um eine eigene und ganz persönliche Sichtweise, die andere nicht unbedingt teilen müssen. Aber wir müssen auch nicht die Auffassungen der anderen teilen. Entscheidend bei einer Auseinandersetzung ist, dass man sich über die Ausgangssituation einig ist. Das heißt, man muss von derselben Beschreibung des Ist-Zustandes ausgehen.

Wie wir bereits gesehen haben, ist jeder Mensch ein Produkt seiner Herkunft, seiner Erfahrungen und seiner Entwicklung. Dies begründet, warum jeder Mensch ein einzigartiges Gerüst an Meinungen und Ansichten hat. Die Wahrscheinlichkeit, dass mein Gesprächspartner eine andere Sicht auf die Dinge hat als ich, ist also sehr groß.

Eine konstruktive Lösungsorientierung ist davon geprägt, dass man eine andere Meinung nicht von vorneherein ablehnt, sondern sie als eine interessante Variante betrachtet, die einem selbst vielleicht noch gar so bewusst gewesen ist. Auf diese Art und Weise erfahren und lernen wir voneinander und erweitern gleichzeitig unseren eigenen Horizont.

Natürlich ist Zustimmung zur eigenen Meinung angenehm. Wie wir aber bereits zu Beginn des Buches gesehen haben, fühlen wir uns freier, wenn wir unser Wohlbefinden nicht von der Meinung und den Ansichten anderer abhängig machen. In einer konstruktiven Diskussion ist es nicht wichtig, dass uns andere zustimmen oder dass wir „Recht haben". Zumal die abschließende Beurteilung darüber oft genug gar nicht möglich ist. Es geht vielmehr darum, die eigene Position zu verdeutlichen und verstehbar zu machen und gleichzeitig dem anderen zuzuhören und seine Argumente kritisch zu würdigen.

Ich glaube, ein wichtiger Grund dafür, dass wir nur selten zu einem wirklich konstruktiven Dialog kommen, liegt darin, dass wir verlernt haben (oder es nie gelernt haben), einfach nur zuzuhören. Unser Kopf versucht immer gleich, das Gehörte zu bewerten, einzuordnen und mit der eigenen Meinung abzugleichen. Und wir neigen dazu, Gespräche mit Menschen, die dieselbe Meinung wie wir vertreten, als angenehmer zu empfinden als Gespräche mit Andersdenkenden.

Offensichtlich sind wir permanent damit beschäftigt, unser Weltbild zu bestätigen und damit unserem Leben Sicherheit zu verschaffen. Was oftmals in der Auseinandersetzung fehlt sind Respekt, Toleranz und Akzeptanz – Verhaltensweisen, die wir uns selber grundsätzlich eher zugestehen als anderen und denen wir täglich gerecht werden müssen, ohne lange darüber nachzudenken.

**Respekt**

Respekt bezeichnet eine Form der **Wertschätzung** und **Aufmerksamkeit** gegenüber einem anderen Menschen oder einer Institution. Eine respektvolle Haltung schließt bedenkenloses egoistisches Verhalten aus.

**Exkurs Wertschätzung**

Wertschätzung ist immer etwas Positives. Sie spiegelt wider, welche Empfindungen ich meinem Gegenüber entgegenbringe und wie ich ihm gegenüber eingestellt bin. Dabei ist diese Einstellung nicht undifferenziert oder gar kritiklos. So kann ich durchaus einzelne Taten oder Leistungen negativ bewerten, die Person als Ganzes aber durchaus wertschätzen.

Mit dem Begriff Wertschätzung verbindet man im allgemeinen Anerkennung und Freundlichkeit. „Jemand erfreut sich allgemein hoher Wertschätzung“ meint umgangssprachlich: Er ist geachtet. Wertschätzung gegenüber Dritten hängt aber immer auch mit Selbsteinschätzung zusammen: Menschen mit einer realistischen Selbsteinschätzung haben öfter eine positiv/kritische Haltung anderen gegenüber, werden öfter von anderen positiv wahrgenommen und vergrößern das Selbstwertgefühl sowohl beim Empfänger als auch beim Geber. Aus diesem Grund sind diese Menschen in der Regel auch allgemein sehr beliebt. **Exkurs Ende**

**Exkurs Aufmerksamkeit**

Aufmerksamkeit ist eine wichtige Funktion im zwischenmenschlichen Bereich, denn sie steuert, was wir wahrnehmen, was also ins Bewusstsein kommt, und was nicht. Gegenseitiges aufmerksames Zuhören zeigt dem Partner/dem Kollegen, dass Interesse am anderen da ist. Die Aufmerksamkeit gestattet es dem Menschen, bestimmte Informationen auszuwählen und in den Blickpunkt zu rücken, wodurch es möglich wird, diese weiter zu verarbeiten. Im alltäglichen Leben sind wir vielen verschiedenen Reizen ausgesetzt, die dann durch unsere Aufmerksamkeit auf Grund einer Bedeutungszuschreibung gefiltert werden. Das bedeutet in den meisten Fällen, nur wenn etwas für uns von Bedeutung ist oder werden könnte, kann es bewusst aufgenommen werden. Was uns nicht interessiert, nehmen wir nur bedingt oder gar nicht wahr. **Exkurs Ende**

Respektvoller Umgang miteinander ist die Basis einer konstruktiven Lösungsorientierung. Es scheint allerdings so, dass ein zunehmender Anteil der Menschen diese essentielle Eigenschaft nach und nach verlernt hat oder dass dieser Wesenszug mittlerweile in einem bedenklichen Umfang in den Hintergrund gedrängt wird. Mit dieser Veränderung einher geht die Tendenz, nicht nur den Kontakt zu den anderen zu verlieren, sondern auch zu uns selbst.

In einer gesunden Kommunikation existieren keine "Gewinner" und "Verlierer" und es geht auch nicht darum, die eigene Meinung durchzusetzen oder gar dem anderen aufzuzwingen. Vielmehr kann jedes Individuum ohne Vorbehalte so bleiben, wie es ist, ohne dadurch irgendwelche vergleichenden Bewertungen über sich ergehen lassen zu müssen.

Respektvoller Umgang miteinander scheitert oft daran, dass wir uns nicht darauf verlassen können, dass der andere auch wirklich gewillt ist, das zu hören, was wir ihm mitteilen wollen. Dabei verlangt die konstruktive Auseinandersetzung Offenheit und Geradlinigkeit, um miteinander Lösungen zu finden und Kompromisse auszuhandeln.

Jeder, der etwas von sich selbst preisgibt, macht sich verletzbar. Aber nur wenn man sich öffnet, hat man die Chance, einander kennenzulernen. Deswegen muss ich für ein konstruktives Gespräch ein Klima des Vertrauens schaffen, in dem beide Seiten ihre Positionen offen darlegen können. Ich muss meinem Gegenüber signalisieren, dass ich ihm kritisch, aber konstruktiv gegenüber eingestellt bin, dass ich ihm aufmerksam zuhöre, um wirklich zu verstehen, was er mir sagen will. Respektvoller Umgang hat auch viel mit Selbstachtung zu tun. Nur wenn wir uns selbst achten, so wie wir sind, sind wir auch in der Lage, andere zu achten bzw. zu respektieren. Wir sind also gefordert, mit Offenheit, Ehrlichkeit und ohne Vorbehalte in eine Auseinandersetzung zu gehen. Wir müssen wissen, dass im Miteinander weitaus größere Möglichkeiten der Problemlösung bestehen, als im Gegeneinander.

**Toleranz**

Toleranz ist das Respektieren anderer Überzeugungen, Handlungsweisen und Gewohnheiten. Gemeint ist damit die Anerkennung der

Andersartigkeit unterschiedlicher Individuen. Das heißt nicht, dass fremde Auffassungen zwangsläufig übernommen werden.

Toleranz ist ein Zeichen für Selbstvertrauen und für das Bewusstsein der eigenen Position, für eine weltoffene Haltung, die den Vergleich mit anderen Meinungen nicht scheut und die dem geistigen Wettbewerb nicht aus dem Wege geht. Sie ist Vorbedingung für eine friedliche Auseinandersetzung um konkurrierende Auffassungen und unterschiedliche individuelle Wertorientierungen. Sie setzt die Bereitschaft voraus, sich sachlich mit anderen Meinungen und Argumenten auseinander zu setzen.

Es heißt, achtsam zu sein anderen Menschen gegenüber, sie bewusst wahrnehmen, versuchen, sich in ihre Gefühle und Sichtweisen hinein zu versetzen und Respekt davor zu haben, auch wenn sie anders leben, fühlen und handeln.

**Aristoteles** hat einmal gesagt:

*Die eigenen Wahrheiten sind mit Skepsis zu betrachten und den Wahrheiten der anderen sollte man mit Toleranz begegnen.*

Während eines Gespräches werden nicht nur Informationen ausgetauscht, vielmehr spielt die soziale zwischenmenschliche Interaktion eine große Rolle. Eine Reihe von Merkmalen und Regeln innerhalb einer Auseinandersetzung können für eine erfolgreiche Problemlösung entscheidend sein.

Besonders bei Gesprächsteilnehmern mit unterschiedlichen Wertansätzen kann eine Missachtung dieser Werte zu unnötigen Missverständnissen führen. Bei jeder Kommunikation sollten Höflichkeit und bestimmte Umgangsformen auf jeden Fall gewahrt werden.

Für einen friedlichen Umgang miteinander, sollten wir stets darum bemüht sein, die Ansichten und Gewohnheiten des anderen zu respektieren und eine gewisse Etikette zu bewahren. Dazu gehört auch, zu berücksichtigen, welche Sozialisation sein Gegenüber mitbringt und mit welchen Argumenten man ihn möglicherweise verletzen kann. Grundlegend gilt:

- **Behandle andere so, wie du selbst behandelt werden möchtest!**
- **Bestehe nicht auf deinem Vorrecht!**

Toleranz setzt Wissen voraus. Ich kann nicht etwas tolerieren, von dem ich keine Informationen und keine Kenntnis habe. Solche "Toleranz" wäre bestenfalls das Hinnehmen einer anderen Meinung. Wirkliche Toleranz kann ich nur üben, wenn ich mich mit dem „Fremden" auseinander setzte, es in **seinem** Selbstverständnis akzeptiere, ohne es notwendigerweise auch zu meiner eigenen Überzeugung werden zu lassen. Voraussetzung: Ich muss eine eigene Überzeugung haben!

### Akzeptanz

Nicht alles, was ich toleriere, muss ich auch akzeptieren. Akzeptieren beruht auf Freiwilligkeit und hat eine aktive Komponente. Toleranz hingegen bedeutet „Duldung" und ist passiv. Jemanden akzeptieren heißt, ihn so zu nehmen, wie er ist, ohne ihn ändern zu wollen – in seiner ganz besonderen Art, mit seinen ganz besonderen Eigenheiten und Ansichten. Dies fällt umso leichter, je mehr man sich selber akzeptiert.

Nur wer fest in sich ruht und mit seiner eigenen Persönlichkeit im Reinen ist, kann auch andere akzeptieren. Wer an sich selbst zweifelt, sich also selbst nicht akzeptiert, kann nur schwerlich den Standpunkt oder die Sichtweise eines anderen annehmen.

Das in sich selbst gefestigt sein, Selbstvertrauen haben, ist also eine wichtige Grundvoraussetzung, um andere akzeptieren zu können. Das heißt, dass man oft bei sich selbst beginnen muss, wenn man Schwierigkeiten hat, andere zu akzeptieren.

Wer akzeptiert, verzichtet darauf, Recht zu haben, weil er nichts beweisen muss. Es gibt eine Vielzahl von Situationen, in denen wir gefordert sind, uns mit anderen Sichtweisen, Meinungen, Standpunkten auseinander zu setzen.

Und damit sind wir gleich beim entscheidenden Punkt. Akzeptanz ist nur dann möglich, wenn die Bereitschaft zur Auseinandersetzung **auf beiden Seiten** vorhanden ist. Ohne diese Bereitschaft kann es nicht dazu kommen, dass wir einander akzeptieren können. Es ist unbedingt notwendig, sich mit dem „Anders Sein“ des anderen beschäftigen zu wollen.

Wir müssen also, wenn es wirklich zu Akzeptanz kommen soll, lernen, mit unterschiedlichen Werten, Einstellungen und Verhalten umzugehen. Erst wenn wir dazu bereit sind, haben wir die Möglichkeit, Unterschiede als Chance für uns, als Bereicherung zu erkennen.

### *Der Zustand der Reife*

Mit der Bestimmung der eigenen Identität, der individuellen Lebensplanung und Wertorientierung sowie der Entwicklung der eigenen Kompetenzen erreichen wir einen Zustand der Reife, der uns zu grundlegendem Wissen und tiefer Erkenntnis führt. Dieser Reifezustand erweitert unsere Möglichkeiten und Fähigkeiten, mit uns selbst, vor allem aber mit anderen Menschen klug und weise umzugehen, und ihnen mit den vier wichtigsten Eigenschaften zu begegnen, die erfolgreiche Persönlichkeiten auszeichnen:

> **Menschenkenntnis**
>
> **Souveränität**
>
> **Überzeugungskraft**
>
> **Eigenständigkeit**

Diese Eigenschaften zeichnen einen „reifen" Menschen aus. Je mehr andere jemanden als "reif" einschätzen, umso mehr wird er akzeptiert, toleriert, gelobt und rückt in den Fokus. Zu diesem Reifezustand gehört aber auch, dass der Mensch er selbst ist und auch zu sich selbst steht und zwar möglichst unabhängig von den Einflüssen um ihn herum.

Dazu ist ein tiefes Gefühl der Selbstakzeptanz notwendig. Ein reifer Mensch zeichnet sich vor allem dadurch aus, dass er seinen eigenen Weg gefunden hat. Er ist auf diesem Weg auch weit gekommen und hat tiefe Einsichten gewonnen.

### *Menschenkenntnis*

Unter Menschenkenntnis verstehen wir die Fähigkeit, andere Menschen in ihren Persönlichkeitsmerkmalen und Charaktereigenschaften richtig einzuschätzen und zu beurteilen. Ein guter Menschenkenner kann andere Menschen gut motivieren, ist ein guter Ratgeber und kann tiefgehende Bindungen eingehen. Er ist weitgehend frei von Vorurteilen und Wunschdenken, die ihn zu Fehleinschätzungen verleiten könnten. Er weiß, dass er sich auf seinen "ersten Eindruck" verlassen kann, weil er sich nicht von äußeren Merkmalen beeindrucken lässt und besonders auf die Signale der „Körpersprache“ achtet. Er fällt nicht auf „Inszenierungen“ herein, weil er zwischen antrainiertem Verhalten und echtem Charakter sehr gut unterscheiden kann. Menschenkenntnis ist nicht angeboren, sondern man erwirbt sie durch den Umgang mit Menschen und durch Erfahrung mit vielen unterschiedlichen Menschen in vielen unterschiedlichen Situationen. Entscheidende Faktoren für diese Fähigkeit sind **Lebenserfahrung, Einfühlungsvermögen, Intuition und Klugheit.**

## Lebenserfahrung

Die Lebenserfahrung hat zwei Ebenen. Einerseits ist sie die Summe aller Erfahrungen, die ein Mensch unmittelbar mit sich selbst gemacht hat. Andererseits ist sie die Gesamtheit aller Erlebnisse und Ereignisse, die mittelbar oder unmittelbar im Umfeld des Einzelnen Einfluss auf seinen Werdegang genommen haben. Diese Ereignisse, Erlebnisse und Erfahrungen bilden unser Wissen. Dieses Wissen befähigt uns, die verschiedenen Situationen, mit denen wir im Leben konfrontiert werden, zu meistern. Zur Lebenserfahrung gehört, gewisse Situationen zumindest schon mal sehr nah erlebt oder erfahren zu haben. Aber eben auch die Fähigkeit, diese Erlebnisse zu reflektieren und nicht in der Situation selber stecken zu bleiben - sie also, quasi, nachträglich "von außen" zu betrachten und die gewonnenen Erkenntnisse für sich zu nutzen.

## Einfühlungsvermögen

Einfühlungsvermögen ist die Fähigkeit, sich in die Situation eines anderen Menschen hineinzudenken, dessen Motive und Argumente nachvollziehen zu können und dennoch gleichzeitig auf Distanz zu ihm zu bleiben. Dies erfordert erstens, jemandes Umstände zu verstehen, und zweitens, die Gefühle nachzuempfinden, die die Umstände bei dem Betreffenden hervorrufen.

Einfühlungsvermögen hat aber nichts mit Mitgefühl zu tun. Mitgefühl bedeutet, dass wir die Gefühle des Anderen übernehmen, für ihn leiden, wohingegen Einfühlungsvermögen immer mit einer kritischen Distanz verbunden ist.

Wer über ein ausgeprägtes Einfühlungsvermögen verfügt, hat auf den meisten Gebieten des Lebens große Vorteile. So ist beispielsweise ein gutes Einfühlungsvermögen ein beträchtlicher Vorteil für diejenigen, die beruflich unmittelbar mit Menschen zu tun haben. Es fällt ihnen leicht, eine gute Basis für ein verständnisvolles Miteinander zu schaffen.

**Intuition**

Intuition ist die Fähigkeit, Gegebenheiten oder Situationen instinktiv und ohne nachzudenken zu erfassen und richtig einzuordnen. Sie liefert uns unbewusste Gründe für eine bestimmte Entscheidung. Man spricht in diesem Zusammenhang auch gerne von „Bauchentscheidungen".

Ich denke, das hat jeder schon erlebt. Man entscheidet sich unbewusst gegen oder für etwas, ohne rationale Gründe dafür benennen zu können. Intuition kann man nicht trainieren, aber man kann ihr bewusst mehr Bedeutung für das eigene Leben einräumen und sie ernster nehmen.

Wir können auf ihre Signale achten, die uns manchmal ereilen, wie der Blitz aus heiterem Himmel, insbesondere dann, wenn die Vernunft schon lange gegrübelt hat – denn Intuition lässt sich nicht erzwingen. Mitunter taucht eine Idee aus den tiefsten Tiefen unseres Unterbewusstseins auf, ohne dass wir den Anlass dazu bestimmen können.

Ich habe oft in meinem Leben erfahren, dass gerade das, was Menschen aus dem Bauch entschieden haben, richtig war. Neue Forschungsergebnisse weisen darauf hin, dass man mit der Intuition manchmal – und nicht zuletzt in komplexen Situationen – zu besseren Entscheidungen kommt, als mit dem bewussten Verstand, da das Unbewusste in der Lage ist, weitaus mehr Informationen zu berücksichtigen als das Bewusstsein, das zwar sehr präzise ist, jedoch nur mit wenigen Informationen wirklich zurechtkommt.

Intuition ist das Resultat aus Erfahrung und Logik, welches uns ermöglicht, rasch – ohne lange nachzudenken – Entscheidungen zu treffen. Sie ist nicht gut oder schlecht und nicht gegen den Verstand gerichtet – im Gegenteil: Bei erfolgreichen Menschen arbeiten Verstand und Intuition in aller Regel sinnvoll zusammen.

**Klugheit**

Klugheit ist die Fähigkeit im konkreten Einzelfall angemessen zu handeln gemäß der individuellen Wertorientierung und unter Beachtung der gesellschaftlichen ethischen Normen. Sie befähigt den Menschen, das Gute zu erkennen, und die „richtigen" Mittel zur Verwirklichung des Guten einzusetzen. Voraussetzung für die Klugheit ist Bildung und der möglichst objektive, sachgerechte und vorurteilsfreie Einsatz der Vernunft.

Klugheit ist nicht mit "Intelligenz" zu verwechseln. Intelligenz ist die schnelle Aufnahme von Wissen - Klugheit ist, das Wissen zu bewahren und es nutzbringend anzuwenden. Ein kluger Mensch muss nicht intelligent sein, es genügt, viel zu lernen. Und ein intelligenter Mensch der nicht lernt, kann auch nicht klug werden. Gerade bei besonders intelligenten Menschen besteht auch die Gefahr, dass die Intelligenz dazu benutzt wird, möglichst gute Ausreden für das eigene falsche Verhalten zu finden, und somit im hohen Maße unklug zu handeln. Besondere Intelligenz ist also keine Voraussetzung für die Klugheit.

### *Souveränität*

Souverän zu sein heißt, Sachverhalte oder Ereignisse gezielt wahrzunehmen und in ihrer Bedeutung und Wirkung richtig einzuschätzen. Es heißt den Überblick zu behalten, wenn Dinge gleichzeitig geschehen und/oder entschieden werden müssen.

Souveränität bedeutet auch, die Richtung vorzugeben und andere dazu zu bringen, Kraft und Energie aufzuwenden, um ein angestrebtes Ziel zu erreichen und Hindernisse zu überwinden. Souveräne Menschen sind beispielgebend und wirken als lebende Vorbilder. Sie entwickeln ein Kraftfeld, das das Miteinander in entscheidendem Maß positiv beeinflusst. Sie führen ihr Leben und treffen ihre Entscheidungen konsequent gemäß ihrer Wertorientierung. Souveränität hat viel mit Verantwortungsbewusstsein, Integrität und sicherem Auftreten zu tun.

### **Verantwortungsbewusstsein**

Wie wir bereits gesehen haben, trägt jeder Mensch in irgendeiner Form Verantwortung und ist sich selber und anderen gegenüber dafür Rechenschaft schuldig. Ob er sich dieser Verantwortung bei allen Handlungen und Entscheidungen jederzeit bewusst ist, kann allerdings getrost bezweifelt werden.

Es ist sogar davon auszugehen, dass Menschen die moral- ethische Bedeutung der Verantwortung ausblenden, um sich einen irregulären – im Zweifelsfall auch kriminellen - Vorteil zu verschaffen. Schaut man beispielsweise heute auf das Verhalten derer, die für die derzeitigen wirtschaftlichen und finanziellen Probleme Verantwortung tragen, dann ist von Rechenschaft nicht viel zu sehen.

Andererseits fällt auf, dass verantwortungsbewusste Menschen als attraktiv und charismatisch wahrgenommen werden. Sie gewinnen schnell das Vertrauen und den Respekt anderer Menschen. Im beruflichen Leben erklimmen sie leichter die Karriereleiter und im privaten Bereich sind sie früh in der Lage, sich partnerschaftlich zu binden. Sie verfolgen konsequent ihre Ziele, allerdings nach ihre eigenen Regeln, die sie immer befolgen. Dies beeindruckt ihre Mitmenschen und deshalb genießen sie einen hohen sozialen Status.

Verantwortungsbewusste Menschen vermitteln den Eindruck, dass sie wissen, was sie wollen und was sie tun und dass sie jederzeit beurteilen können, was richtig und was falsch ist. Damit bieten sie ihrem Umfeld Verlässlichkeit und Zuverlässigkeit. Verantwortungsbewusstsein wird als ein hohes Maß an geistiger und sittlicher Reife angesehen. Es gehört damit zu den Persönlichkeitsmerkmalen, die bestimmend sind für den Reifeprozess.

**Integrität**

Wir bezeichnen einen Menschen als integer, wenn sein Handeln dauerhaft mit seiner persönlichen Wertorientierung übereinstimmt, er sich gesetzes- und moralkonform verhält und als unbestechlich gilt. Ein integerer Mensch lebt in dem Bewusstsein, dass sich seine persönlichen Überzeugungen, Maßstäbe und Wertvorstellungen in seinem Verhalten ausdrücken. Anders gesagt: Ein integerer Mensch bleibt sich selber immer treu.

Der deutsche Topmanager **Alfred Herrhausen** hat einmal gesagt:

*Wir müssen das, was wir denken auch sagen.*

*Wir müssen das, was wir sagen auch tun.*

*Und wir müssen das, was wir tun, dann auch sein.*

Integrität erzeugt Vertrauen und ist eine Grundlage für nachhaltige Erfolge. Sie muss man sich im Laufe seines Lebens erwerben, indem man folgende Kriterien erfüllt:

> Ein ziel-und wertorientiertes Leben leben

> Überzeugungen auch gegen Widerstände beibehalten

> Glaubwürdigkeit erlangen durch konsequentes Handeln

> Ein hohes Maß an Umsetzungskompetenz beweisen.

Integrität verlangt eine faire und respektvolle Haltung gegenüber Dritten und orientiert sich an ethischen Grundsätzen. Diese sind weniger vom geltenden Recht, als vielmehr von allgemeinen gesellschaftlichen, kulturellen und sozialen Regeln bestimmt. Sie einzuhalten ist eine freiwillige Verpflichtung.

**Sicheres Auftreten**

Die beiden vorgenannten Eigenschaften werden durch ein sicheres Auftreten vertieft. Dies drückt sich in der Körperhaltung ebenso aus, wie in der Kommunikation.

Selbstsichere Menschen wirken natürlich und entspannt und beherrschen die Umgangsformen einer „guten Kinderstube“. Aufgrund ihrer ausgeprägten emotionalen Kompetenz entwickeln sie ein feines Gespür für die jeweilige Situation und sind in der Lagen auch unterschwellige

Stimmungen wahrzunehmen. Sie können taktvoll mit schwierigen Situationen umgehen und behalten die Gesamtkonstellation im Auge.

Die Grenze zwischen sicherem Auftreten und Überheblichkeit ist immer eine Gratwanderung und benötigt viel Fingerspitzengefühl. Dem Verfallen in Großspurigkeit, um sich ins positive Licht zu rücken, wirkt der selbstsichere Mensch entgegen, indem er sich grundsätzlich eher zurückhält, als sich in den Vordergrund zu drängen. Stattdessen vermittelt er seinem Gegenüber respektvolles Interesse. Mit einem offenen Blick und einem sympathischen Lächeln versucht er, eine mögliche Distanz zu seinem Gesprächspartner aufzuheben. Er ist sich bewusst, unter Beobachtung zu stehen und genießt dies mit einer positiven inneren Spannung. Er signalisiert volle Aufmerksamkeit, ohne dabei sein Eigeninteresse aus den Augen zu verlieren. Durch sein Auftreten gewinnt er Vertrauen und Wertschätzung.

### *Überzeugungskraft*

Die Wirkung, die wir auf andere Menschen ausüben können, entsteht durch ein Zusammenspiel von Ausstrahlung, Begeisterung und Offenheit. Wer selbstsicher wirkt, ohne arrogant zu erscheinen, weckt Aufmerksamkeit und Interesse. Überzeugungskraft ist ein wesentlicher Schlüssel zum beruflichen wie privaten Erfolg. Wie überzeugend wir sind, hängt davon ab, wie sicher wir uns fühlen, was wir ausstrahlen, wie wir uns verhalten und welches Gefühl wir unserem Gegenüber vermitteln.

Das große Geheimnis der Überzeugungskraft beruht auf der inneren Einstellung zu uns selbst und zu unseren Werten. Wenn ich andere überzeugen will, muss ich zunächst einmal von mir selbst überzeugt sein. Nur was ich authentisch vertreten kann, kann auch andere überzeugen. Das bedeutet nicht, dass wir nicht kritisch unsere eigene Position beurteilen und gegebenenfalls auch hinterfragen sollen.

Doch wenn ich von der eigenen Auffassung zutiefst überzeugt bin, dann muss ich sie auch offensiv vertreten. Das heißt, meine Überzeugungskraft hängt unmittelbar mit meiner Wertorientierung und meiner Persönlichkeitsstruktur zusammen. Das Bild, das ich von mir habe, steuert mein Verhalten.

Ein zweiter wichtiger Faktor für Überzeugungskraft sind **Begeisterung und Leidenschaft**. Sie erzeugen Neugier und Aufmerksamkeit. Sie öffnen sozusagen Augen und Ohren. Man nimmt den Betroffenen wahr, man hört genau zu, um möglichst viele Informationen zu erfassen und die emotionalen Botschaften zwischen den Zeilen mitzubekommen.

Ein dritter Faktor sind die **Gefühle.** Sie sind ein Teil unseres Wesens und wichtig im menschlichen Miteinander. Sie auszudrücken ist die Chance für andere, auf uns einzugehen und uns zu verstehen. Unsere Beweggründe werden erkennbar und wir wirken sehr viel überzeugender, wenn wir unsere Gefühle zeigen. Jemanden überzeugen heißt, ihn mit allen für ihn nötigen Informationen zu versorgen, sich ernsthaft für seine Bedürfnisse zu interessieren und ihm Zeit für seine Entscheidungen zu geben.

Überzeugen kann ich nur, wenn der andere spürt, dass er als Person im Vordergrund meines Denk-und Handlungsprozesses steht. Meine Argumente dienen lediglich als Entscheidungshilfe. Sie sind Wegweiser, die dem Gesprächspartner helfen sollen, aus der Vielzahl von Denk-und Handlungsalternativen die für ihn bestmögliche auszuwählen. Dies geht nur mit Offenheit und Ehrlichkeit.

### *Eigenmotivation*

Eigenmotivation und Eigeninitiative bilden die Grundlage für ein erfolgreiches und glückliches Leben. Wer sich nicht selbst motivieren und führen kann und immer nur auf Impulse von außen wartet, quält sich regelrecht durchs Leben. Eigenmotivation und Eigeninitiative helfen, produktiv zu arbeiten und eigenständig zu leben. Aber beides funktioniert nur, wenn es auf das Erreichen eines bestimmten Zieles ausgerichtet ist. Das kann kurzfristig die Befriedigung eines Bedürfnisses sein oder langfristig das Erreichen eines Lebensziels. Was aber ist „Eigenmotivation“ – oder anders gefragt: Was heißt „sich selbst motivieren“?

Im allgemeinen Sprachgebrauch versteht man darunter, dass jemand aus eigenem Antrieb zielgerichtet auf etwas hinarbeitet, dafür all seine Kräfte mobilisiert und sich durch nichts davon abbringen lässt. Je höher der Grad an Eigenständigkeit, desto größer die Handlungsbereitschaft. Der wichtigste Unterschied zwischen jenen, die erfolgreich sind, und jenen, die es nicht sind, ist das HANDELN! Nur wer handelt, dem ist es vorbehalten, auch seine Ziele zu erreichen.

Wohl jeder hat - ob privat oder beruflich - eine Menge Aufgaben zu erledigen und kennt natürlich den Effekt, dass viele davon Spaß machen und viele davon eben nicht. Bei genauerer Betrachtung fällt auf, dass die ersten motivierend wirken und häufig ohne viel zusätzlichem Aufwand schneller und besser erledigt werden als die anderen. Daher auch der Name Motivation, oder zu Deutsch "Beweggrund": Ein innerer Antrieb, der uns in Bewegung setzt und sowohl aus materiellen (Geld, Auto, Haus) als auch aus nicht materiellen Anreizen (Anerkennung, Ruhm, Zuneigung) bestehen kann.

Auf der anderen Seite gibt es dann solche Aufgaben, die keinen Spaß machen und hinausgezögert und sogar in einer schlechteren Qualität erledigt werden als normal üblich. Bei solchen Aufgaben ist man nicht motiviert, oder anders ausgedrückt: Es gibt da etwas, das demotivierend wirkt und man leistet nicht so viel wie man sonst leisten würde. Es fehlt ein innerer Beweggrund. Hier wirkt ausschließlich der Druck, dass etwas erledigt werden muss.

**Exkurs Demotivation:**

An dieser Stelle lohnt es sich, einmal etwas genauer zu untersuchen, was "Demotivieren" eigentlich bedeutet. Ausgangssituation ist, dass der Mensch eine hohe Motivation mitbringt. Dabei ist die Motivation sowohl vom Sinn und Inhalt des Tuns bestimmt, wie auch von dem Grad der Selbstbestimmung während des Tuns. Sind beide Parameter hoch, so bezeichnet man den Menschen als “motiviert”.

Eine Demotivation liegt dann vor, wenn die vorhandene Motivation durch fremde Eingriffe oder Maßnahmen reduziert wird. Sind sowohl Selbstbestimmung, als auch Sinn und Inhalt für den Einzelnen gering, so haben wir es mit einem “demotivierten” Menschen zu tun. Da dies meist ein herbeigeführter Zustand ist, muss im Vorfeld eine Demotivation stattgefunden haben. **Exkurs Ende.**

Da man den meisten demotivierenden Aufgaben oder Verpflichtungen nicht aus dem Weg gehen kann und es einem auf Dauer persönlich schaden kann, diese ständig mit Widerwillen und nur schlecht zu erledigen, sollte man an der Situation aus eigenem Interesse etwas verändern, sich also selber motivieren und die Initiative ergreifen. Ein wirklich schlechter Ausweg ist es, die Aufgaben auf andere abzuwälzen. Dieses

Vorgehen schlägt einem in der Regel immer wieder vor die eigenen Füße.

Wir sollten stattdessen nach einer Möglichkeit suchen, die auf den ersten Blick unangenehm erscheinenden Aufgaben erträglicher zu machen. Das Werkzeug dazu heißt Eigenmotivation. Je früher wir die Aufgaben angehen und je schneller wir sie beenden können, desto größer ist der Anreiz, die Dinge zur eigenen oder zur Zufriedenheit Dritter zu erledigen.

Der wichtigste Schritt zur Steigerung der Motivation ist zunächst der Abbau derjenigen Dinge, die man im Alltag als störend empfindet. Der erste Schritt besteht also darin, in einer konstruktiv-kritischen Analyse die Störfaktoren zu identifizieren, um anschließend etwas dagegen unternehmen zu können. Das ist natürlich nur in gewissen Grenzen möglich, nämlich soweit es unsere eigenen Möglichkeiten und Fähigkeiten und das Umfeld zulassen. Wichtig ist zunächst einmal, Ursachen und Symptome zu unterscheiden. Solange wir nur an der Beseitigung der Symptome arbeiten, erzeugen wir nur immer neue Quellen der Demotivation. Erst die Beseitigung der Ursachen entfernt auch die „Störenfriede" und gibt uns im Alltag wieder neue Zufriedenheit.

Ein zweiter wichtiger Schritt ist, große, zunächst unmöglich erscheinende oder in weiter Ferne liegende Ziele, in Teilschritte bzw. Teilaufgaben zu zerlegen. Dazu müssen Ziele und Aufgaben eindeutig und klar geplant, terminiert und konsequent umgesetzt werden. Denn die besten Ziele nützen nichts, wenn es an der Bereitschaft fehlt, sie umzusetzen.

Wichtige Ziele werden zuerst abgearbeitet, insbesondere Ziele, die einen voranbringen oder neue Kontakte knüpfen und weitere Perspektiven öffnen. Dies alles muss in einen systematischen Zeitplan eingearbeitet werden. Durch ein gezieltes Zeitmanagement gewinnen wir Zeit, die wir wiederum für die Befriedigung unserer eigenen Bedürfnisse nutzen können.

Entscheidend für den Erfolg der Eigenmotivation ist die Frage, ob das Handlungsmotiv auf Druck von außen oder aus der eigenen Zielsetzung heraus entsteht. Dabei haben Individuen mit einem hohen Selbstvertrauen eine wesentlich bessere Ausgangsposition, da sie einerseits eigene klare Zielvorstellungen haben und andererseits gegen Druck von außen wesentlich resistenter sind.

Ob man eine Situation als herausfordernd und "machbar" oder aber als Last sieht, hängt maßgeblich von der Einschätzung der eigenen Fähigkeiten und Möglichkeiten ab. Wenn wir wissen, was uns motiviert, können wir auch unser gesamtes Tun darauf ausrichten. Eigenmotivation bedeutet, sich für positives Denken zu entscheiden.

Häufig hilft eine positive Einstellung, auch Dinge zu tun, die uns eher Unbehagen bereiten. Menschen entscheiden sich aufgrund ihrer Lebenserfahrung, ob sie eher zu der Einstellung gelangen, „Ich kann die Situation bewältigen" oder sich eher als Skeptiker sehen, bei dem die Möglichkeit des Scheiterns im Vordergrund steht.

Die zweite Variante beinhaltet immer die negative sich selbst erfüllende Prophezeiung: „Das klappt sowieso nicht". Dies geschieht dann fast automatisch. Aber der Diplom Philosoph **Hans-Jürgen Stöhr** kommt zu der Auffassung, dass Scheitern nicht zwingend Niederlage oder Misserfolg bedeutet. *Gutes Scheitern heißt, die Situation anzunehmen, zu akzeptieren, dass etwas nicht so funktioniert hat, wie man es mal geplant hat*, erklärt Stöhr. Scheitern kann durchaus auch eine Chance zum Neubeginn sein: Dazu muss man loslassen können, sich von der eigentlichen Idee verabschieden. Denn letztlich ist das Scheitern auch die Möglichkeit, etwas anders zu machen.

Es liegt an jedem selbst, ob er sich von Enttäuschungen oder Misserfolgen entmutigen lässt, oder ob er diese Negativ-Erfahrungen zum Anlass nimmt, um aus seinen Fehlern zu lernen und sich neu zu motivieren. Der positiv denkende Mensch ist sich der Herausforderung bewusst und kann sein Verhalten auf eine konstruktivere Art und Weise zu beeinflussen.

## *DAS FAZIT*

Wie wir gesehen haben, vollzieht sich eine erfolgreiche Persönlichkeitsentwicklung aufgrund klar definierter **Bedürfnisse und Ziele** sowie der **Einstellung zu uns selbst**. Viele Fragen tauchen dabei auf:

Was sind eigentlich meine Ziele? Wie nutze ich meine Zeit? Welche Hilfen kann ich bekommen oder welche Hindernisse muss ich bewältigen?

Wir spüren, reines Fachwissen und eine erfolgreiche Informationsaufnahme und -verarbeitung reichen dazu nicht aus. Vielmehr geht es darum, Erfahrungen, Fähigkeiten und Einstellungen langfristig in erfolgreiches Verhalten im Beruf wie im Privatleben umzusetzen. Neben dem beruflich adäquaten Grundlagenwissen brauchen wir für unser Leben eine Vielzahl von Schlüsselqualifikationen bzw. Kompetenzen, da bewusste Selbstorganisation in Zeiten von Globalisierung und Wertewandel unerlässlich ist.

Folglich hängt die persönliche Entwicklung primär von der Fähigkeit ab, sich selbst zu führen, zu motivieren und weiterzuentwickeln. Nur der bewusste und ganzheitliche Umgang sowohl mit Lebenszielen und den individuellen Werten, die die eigene Identität bestimmen, als auch mit den externen Anforderungen der Gesellschaft, ermöglicht den Weg zur Selbstverantwortung und somit zum persönlichen Lebenserfolg.

### *Die Einstellung zu uns selbst*

Die Einstellung zu uns selbst definiert unser Verhalten, unsere Gefühle bzw. unsere Stimmung und entscheidet darüber, welche Verhaltensweisen, Gefühle und Stimmungen uns von anderen entgegen gebracht werden. Sie bestimmt in einem beträchtlichen Ausmaß über unsere Erfolge und Misserfolge. Somit entscheidet unsere Einstellung zu uns selbst, was wir einsetzen und was wir vom Leben wieder zurückerhalten.

**Was bedeutet das genau?**

Der Coach und Unternehmensberater **Jürgen Gräbel** sagt:

*Wir haben es selbst in unserer Hand. Erfolg im Leben ist immer eine Folge von selbst geschaffenen Ursachen. Dessen sollten wir uns immer bewusst sein. Allerdings gilt das auch für negative Ergebnisse. Auch hierfür sind wir selbst verantwortlich, da - meist unwissend - dafür ebenfalls die Ursachen von uns selbst gelegt werden.*

Alles, was wir tun oder sagen, bewirkt etwas. Das Bewirkte, die Wirkung, stellt sich immer zwangsläufig ein und besteht zu 85 bis 90 % aus unbewussten Reaktionen oder Reflexen. Deshalb behaupte ich, dass Erfolg bewirkt werden kann, wenn wir uns auf eine bestimmte Art und Weise verhalten. Eine positive Einstellung zu uns selbst ist gleichbedeutend mit positiven Ergebnissen und Überzeugungen.

Positives Denken hat nichts damit zu tun, sich negative Erlebnisse schön zu reden! Das ist sogar eher kontraproduktiv. Es ist jedoch möglich, seine Aufmerksamkeit auf hilfreiche Aspekte des Lebens zu lenken. Ein Fokussieren auf "Das ist jetzt problematisch, weil..." und was jetzt alles schwierig, mühevoll oder gar unlösbar ist, setzt eine Negativspirale in Gang. Die Aufmerksamkeit wird auf negative Informationen gelegt – positive Informationen treten in den Hintergrund oder werden gar nicht wahrgenommen.

Hilfreich ist hier eine bewusste, positive Fokussierung: Auf welche Aspekte habe ich persönlich direkten Einfluss? Was ist mir bisher gut gelungen? Wie gehe ich mit mir selber in dieser Situation um – und welche positiven Kräfte kann ich mobilisieren? Gibt es etwa Gutes an der jetzigen Situation? Wie könnte ich meine aktuelle Befindlichkeit verbessern? Was wir im Leben erreichen, ist die Folge unserer Einstellung zu uns selbst. Wir können anderen nur das geben, was wir selbst besitzen. Deshalb bestimmt die Einstellung, die wir zu uns selbst haben, auch die Einstellung, die wir anderen gegenüber haben. Sehen wir uns erfolgreiche Menschen an: Was zeichnet sie besonders aus?

> **Sie kennen ihre Stärken und Schwächen**

> **Sie identifizieren sich mit dem, was sie tun**

> **Sie überwinden Schwierigkeiten und Rückschläge**

> **Sie sind selbstbewusst und setzen ihre Interessen durch**

> **Sie haben Ausdauer und Selbstdisziplin**

> **Sie sehen in jeder Herausforderung eine Chance**

> **Sie sind entscheidungsfreudig.**

Solche Menschen haben unabhängig von ihrer Lebenssituation immer eine positive Einstellung zu sich selbst! Solche Menschen haben die Zuversicht, dass sie auch erreichen können, was sie sich vorgenommen haben. Für diese Menschen ist Erfolg das Normale. Solche Menschen sehen keinen Grund, warum ihnen der Erfolg verwehrt werden sollte. Sie haben eine gesunde Einstellung zu sich selbst und deshalb auch zu den Dingen, die sie anstreben. Deshalb werden sie von anderen oft als "erfolgreich" bezeichnet, wenngleich sie häufig keineswegs intelligenter als die meisten anderen sind.

Was sie auszeichnet, ist ihre Lebenseinstellung. Sie erreichen deshalb mehr, weil so viele andere es erst gar nicht erst versuchen und nicht an sich glauben.

Persönlichkeiten gibt es in allen Lebensbereichen; sie kommen aus den unterschiedlichsten Schichten und haben unterschiedliche Ausbildungen, doch eines ist allen gemeinsam: Sie erwarten vom Leben mehr Gutes als Schlechtes! Sie gehen davon aus, dass sie öfter erfolgreich als erfolglos sind.

Und genau das trifft dann auch ein! Es gibt nichts auf der Welt, was wir dringender brauchen, als eine gesunde Selbstachtung. Menschen mit einem starken Selbstwertgefühl sind meist

**freundlicher – gesünder – ausdrucksfähiger - aktiver - positiver - zuversichtlicher - hilfsbereiter**

als andere, die eher von Selbstzweifeln geplagt sind. Sie fühlen sich für ihr eigenes Leben selbst verantwortlich und sind auch imstande, etwas an ihren Lebensumständen zu ändern. Sie nehmen sich selbst an, mit all ihren Fehlern und Schwächen. Sie geben sich nicht zufrieden, mit dem, was sie erreicht haben und was sie sind. Sie eignen sich neue Fähigkeiten an und meistern Herausforderungen. Sie ordnen sich ein, aber nicht unter, sie gehen Konflikten nicht aus dem Weg und stehen zu ihren Positionen.

Menschen mit einem starken Selbstwertgefühl sind nicht jene, die ständig anderen überlegen sind und dies zur Schau stellen; vielmehr sind es jene, die andere als gleichwertige Individuen ansehen und behandeln. Sie haben eine klare Wertorientierung und handeln danach.

### *Die Bedürfnisse und Ziele*

Wenn wir persönliche Ziele definieren, sollten wir uns darüber im Klaren sein, auf welchen Bedürfnissen sie aufbauen. Wir müssen wissen, was unsere wahren Motive und Beweggründe sind. Ansonsten laufen wir in die Irre. Dazu müssen wir uns fragen:

- **Welches Ziel ist mir besonders wichtig**
- **Welches Wissen, oder welche Fähigkeiten werde ich brauchen, um das Ziel zu erreichen?**
- **Was genau motiviert mich für dieses Ziel?**
- **Lässt sich das Ziel mit meiner Wertorientierung vereinbaren?**
- **Welche Maßnahmen muss ich ergreifen, um dieses Ziel zu erreichen?**

Jeder erwachsene Mensch hat sich schon mal im Leben irgendwelche Ziele gesetzt. Allerdings haben nur wenige Menschen ihre Ziele ständig vor Augen, planen und denken ständig daran, wie sie bestmöglich dieses Ziel erreichen können. Die überwiegende Mehrheit aller Menschen setzt sich Ziele, ohne sie konsequent zu verfolgen. Dadurch geht die Motivation verloren und das Ziel wird zunehmend aus den Augen verloren. Diese Motivation, die auf unseren Bedürfnissen und Werten basiert, ist aber entscheidend für die Zielerreichung. Sie drückt das Verlangen oder den Wunsch aus, etwas zukünftig Erstrebenswertes zu erreichen. Sie bestimmt die Attraktivität des Ziels.

Ohne Motivation ist das Erreichen von Zielen undenkbar. Sie steuert den Einsatz der Fähigkeiten und Fertigkeiten und richtet unsere Vorstellungen und unser Handeln auf das angestrebte Ziel hin aus. Die Motivation vermittelt uns ein gutes Gefühl, wenn wir beispielsweise daran denken, dass wir zu einem bestimmten Zeitpunkt unser Ziel erreicht haben werden.

Eine erfolgreiche Zielerreichung setzt darüber hinaus eine genaue Kenntnis des eigenen Potenzials voraus. Sie ermöglicht den gezielten Einsatz der eigenen Stärken und verhindert somit ein Scheitern, bevor man überhaupt begonnen hat. Eine ehrliche „Potenzialanalyse“ ermöglicht den Abgleich zwischen den Anforderungen, die die Zielerreichung stellt und den persönlichen Kenntnissen und Fähigkeiten, indem sie die Stärken und Schwächen sichtbar macht. Sie zeigt die Chancen und Risiken und den Aufwand der notwendig ist, um das angestrebte Ziel zu erreichen. Dies verbessert die Entscheidungsbasis und steigert die Erfolgswahrscheinlichkeit.

Nun verfolgen die meisten Menschen im Alltag mehrere Ziele gleichzeitig, die sehr unterschiedlich sein können. Dabei entstehen sehr leicht Zielkonflikte. Ein Zielkonflikt oder im weiteren Sinn ein Interessenkonflikt liegt vor, wenn eine Situation dem Einfluss von einander widerstrebenden Faktoren unterliegt und zwischen ihnen ausgewogen reguliert werden muss. Ein Interessenkonflikt verlangt eine Entscheidung im Sinne einer Prioritätensetzung. Dies dürfte den meisten von uns bekannt vorkommen. Wir alle befinden uns ständig in einem Spannungsfeld von sich widersprechenden Interessen. Doch wie sollen wir unsere Prioritäten setzen?

**Prioritäten setzen heißt, sich zu überlegen und festzulegen, welches Ziel am wichtigsten ist und vorrangig erreicht werden soll!**

Die Prioritätensetzung umfasst also einerseits die Bedeutung eines Ziels für unser Leben, andererseits die Dringlichkeit, mit der es erreicht werden muss. Das entscheidende Problem liegt darin, dass das eine Ziel zwar nicht so wichtig sein mag, aber kurzfristig erreicht werden muss, umgekehrt kann ein Ziel sehr wichtig sein, es hat aber einen relativ großen Zeithorizont für die Umsetzung.

Es liegt in unserer Natur, die wichtigen Ziele, die aber noch nicht so dringend sind, zugunsten der Dringlichkeit von Zielen zurückzustellen. So lassen wir uns meist schnell dazu verleiten, uns mit ganzer Kraft auf die kurzfristigen Ziele zu stürzen und die langfristigen auf die lange Bank zu schieben. Wir sind es gewohnt, auf dringende Angelegenheiten kurzfristig zu reagieren.

Wichtigkeit hingegen hat etwas mit unserem Leitbild, mit unseren Werten, mit unserem Lebensinhalt zu tun. Sie erfordert von uns mehr Eigeninitiative und mehr Durchhaltevermögen, um die Chance zu ergreifen, unser Leben nachhaltig zu gestalten. Wir Menschen brauchen eine tragfähige eigenbestimmte Lebensordnung. Durch sie bekommen wir Identität und innere Zufriedenheit. Nur wenn es uns gelingt, kurz-und langfristige Ziele bei der Umsetzung gleichrangig zu behandeln, werden wir den Weg zur Persönlichkeit erfolgreich beschreiten.

Printed by Books on Demand GmbH, Norderstedt / Germany